TEMEL TATLI PATATES YEMEK KİTABI

Besleyici ve Çok Yönlü Tatlı Patatesin Keyfini Çıkarmak için 100 Lezzetli Tarif

Yağmur Güler

Telif hakkı Materyal ©2023

Her hakkı saklıdır

Bu kitabın hiçbir bölümü, bir incelemede kullanılan kısa alıntılar dışında, yayıncının ve telif hakkı sahibinin uygun yazılı izni olmaksızın hiçbir biçimde veya yöntemle kullanılamaz veya aktarılamaz. Bu kitap, tıbbi, yasal veya diğer profesyonel tavsiyelerin yerine geçemez.

İÇİNDEKİLER

İÇİNDEKİLER 3
GİRİİŞ 7
KAHVALTI 8
  1. Baharatlı Güneybatı Kahvaltı Kasesi 9
  2. Çikolatalı Waffle Sundae 11
  3. kahvaltı tavası 14
    4. Tatlı patates hash yumurta tava 16
  5. Yuvadaki Yumurtalar 18
  6. Barbekü Ezmesi 20
  7. Tatlı Patates Cevizli Bourbon Gofretler 22
  8. Gofret Tatlı Patates Gnocchi 25
  9. Tatlı patates tostu 28
  10. Kahvaltılık Tatlı Patates, Hibiskus Çaylı Yoğurt 30
  11. Sosis-Tatlı Patates Ezmesi ve Yumurta 33
  12. Tatlı Patates ve Yumurta Tava 35
  13. Kızarmış tatlı patates hashbrowns 37
  14. Keçi peyniri, tatlı patates ve kruton omlet 39

mezeler 42

  15. Romlu Tatlı Patates ve Elma 43
  16. Doldurulmuş Tatlı Patates 45
  17. Rokalı Tatlı Patates Doldurma 47
  18. Chiles Anchos Rellenos 49
  19. Tatlı Patates ve Havuç Tinga Tacos 52
  20. KAVRULMUŞ KÖK PIZZA 54
  21. tatlı patates latkeleri 57
  22. Daigaku imo 59
  23. Quinoa çörek ısırıkları 61
  24. Zerdeçallı Tatlı Patates Köftesi 63
  25. tatlı patates cipsi 66

26. Tatlı patates Marshmallow ısırıkları 68
27. Ceviche Peruano 70
28. Zencefilli tatlı patatesli börek 72

BURGERLER, DAMLALAR VE SANDVİÇLER 74

29. Quinoa ve Tatlı Patates Burger 75
30. Mercimek pirinç burgerleri 78
31. Baharatlı Tatlı Patates ve Siyah Fasulye Taquitos 80

ANA DİL 83

32. Tatlı Patatesli Baharatlı Tavuk Çeyrekleri 84
33. Sarımsaklı Florentine Tatlı Patates 87
34. Yeşil Fasulye ve Tatlı Patatesli Risotto 89
35. Fırında Somon ve Tatlı Patates 91
36. Sebzeli Somon Teriyaki 94
37. Tatlı patates ve fasulye ile somon 97
38. Matcha Buğulanmış Morina 99
39. Tatlı Patates Hatmi Güveç 101
40. sebzeli soğuk kızarmış ördek 103
41. Buffalo Tempeh Hasat Kaseleri 105

ÇORBALAR VE KÖRİLER 108

42. Güveçte tavuk çorbası 109
43. Tay Hindistan Cevizi-Köri Pisi Balığı 111
44. Crockpot havuç zencefil çorbası 113
45. bulyon çorbası 115
46. Tatlı Patates ve Nohut ile Körili Mercimek 118
47. Meksika Dana Eti ve Tatlı Patates Suyu Çorbası 120
48. Tatlı patates ve Tekila çorbası 123
49. Jamaika'dan Kırmızı Fasulye Yahnisi 125
50. Tavuk çorbası 127
51. Mısır çorbası 130

52. somon sebze çorbası 133
53. Öğütülmüş bizon ve sebze yahnisi 135
54. Hindistan Cevizi Dana Köri 137
55. Tatlı patates ve kabak çorbası 139
56. Tay Tatlı Patates Köri 142
57. Tay Körili Güveç 144
58. Baharatlı Tatlı Patates Kale Cannellini Çorbası 147
59. Tatlı Patatesli Tavuk Güveç 150
60. Tatlı Patates Mercimek Yahnisi 152
61. Callaloo Çorbası 154
62. Nohutlu Tatlı Patates Yahnisi 157
63. Hindistan Cevizi Körili Mercimek 159

MAKARNA 161

64. Kestane ve Tatlı patates Gnocchi 162
65. Pestolu ve Tatlı Patatesli Bucatini 166
66. Kestane ve Tatlı patates Gnocchi 169

YANLAR 173

67. Kireç ve tekila tatlı patates 174
68. Tatlı Patates Pastırma Ezmesi 176
69. Parmesanlı Tavada Kızartılmış Tatlı Patates 178
70. Demirhindili Tatlı Patates 180
71. Izgarada sonbahar sebzeleri 182
72. Chimichurri ızgara sebzeler 184
73. Kavrulmuş Sarımsaklı Tatlı Patates 186
74. Sous Vide Akçaağaç Sırlı Tatlı Patates 188
75. Pastırma ve Tatlı Patates 190
76. Gouda Karışık Patates Püresi 192
77. İki Renkli Fırında Tatlı Patates 194
78. Acılı tatlı patates graten 196

SALATALAR 198

79. Roka ve Tatlı Patates Salatası 199
80. Sonbahar Hasatı Salatası 201
81. Nar Soslu Tatlı Patates Ve Brokoli 203
82. Tatlı Patatesli Karalahana Salatası 205
83. Bademli Tatlı Patates Salatası 207
84. Patates Püresi ile Quinoa Mango Salatası 209
85. Izgara Üç Patates Salatası 211
86. Kavrulmuş Tatlı Patates ve Prosciutto Salatası 213
87. Kavrulmuş Sebze ve Polenta Salatası 215
88. Kavrulmuş Tatlı Patates & Taze İncir 218
89. Barbekü Tatlı Patates Krutonlu Sezar Salatası 220
90. Tatlı Patates & Avokado Yeşil Salata 223

TATLI 225

91. Tatlı Patatesli Tavuklu Turta 226
92. Hindistan cevizli tatlı patates pudingi 228
93. Tatlı Patates Turtası 230
94. Tatlı Patates Turtası Tiramisu 232
95. Kiraz-tatlı patates ekmeği 235
96. kızılcık tatlı patates kekler 237
97. Rendelenmiş tatlı patates pudingi 239

İÇECEKLER 241

98. elmalı turta suyu 242
99. Tatlı Patates Turtası Protein Shake 244
100. Tatlı Patates Sarsıntısı 246

ÇÖZÜM 248

GİRİİŞ

Tatlı patates, tatlıdan tuzluya kadar çeşitli yemeklerde kullanılabilen çok yönlü ve besleyici bir kök sebzedir. Bu yemek kitabı, tatlı patatesi, damak tadınıza hitap edecek ve vücudunuzu besleyecek 100 lezzetli tarifle kutluyor.

İster tatlı ister tuzlu yemekleri tercih edin, bu yemek kitabında herkes için bir şeyler var. Tatlı patatesli krep ve keklerden çorbalara, güveçlere ve körilere kadar bu yemek kitabı, tatlı patatesleri yemeklerinize dahil etmenin birçok yolunu keşfetmeniz için size ilham verecek.

Her tarife, ağzınızı sulandıracak ve yeni yemekler denemeniz için ilham verecek renkli bir görsel eşlik ediyor. Yemek pişirme sürecinde size rehberlik edecek adım adım talimatlarla tarifleri takip etmek kolaydır.

Tatlı patatesler, lezzetli olmasının yanı sıra besinlerle de doludur. A vitamini, C vitamini ve potasyum dahil olmak üzere mükemmel bir lif, vitamin ve mineral kaynağıdır. Bu yemek kitabı ile lezzetli yemeklerin tadını çıkarırken tatlı patatesin sağlığa olan faydalarından yararlanabilirsiniz.

KAHVALTI

1. Baharatlı Güneybatı Kahvaltı Kasesi

Yapar: 2

İÇINDEKILER
- 2 tatlı patates, soyulmuş ve doğranmış
- Üzerine gezdirmek için sızma zeytinyağı
- Tuz ve karabiber serpin
- 1 çay kaşığı pul biber
- 2 şerit tavuk pastırması
- ½ orta sarı soğan, doğranmış
- ½ yeşil dolmalık biber, doğranmış
- ½ kırmızı dolmalık biber, doğranmış
- 1 jalapeño, çekirdekleri çıkarılmış ve doğranmış
- 2-3 su bardağı taze ıspanak
- 2 yumurta
- 1 çay kaşığı tereyağı
- 1 avokado, çekirdeksiz ve doğranmış

TALİMATLAR:
a) Fırını 375 derece F'ye ısıtın.
b) Tatlı patatesleri bir fırın tepsisine koyun ve bir çiseleyen zeytinyağı ile atın.
c) Tuz, karabiber ve pul biberle tatlandırın.
d) Bir kez çevirerek 20 dakika pişirin.
e) Tavuk pastırmasını bir tavada pişirin; kenara koymak
f) Tavaya biber, soğan ve jalapeño ekleyin; 6 dakika soteleyin.
g) Üzerine ıspanağı ekleyip güzelce pişirin.
h) Başka bir tavada tereyağını eritin.
i) Yumurtaları pişirin, tuz ve karabiber ekleyin.
j) Tatlı patatesleri servis edin ve sebze karışımını ekleyin, ardından yumurta, ufalanmış tavuk pastırması ve avokado ile servis edin.

2. Çikolatalı Waffle Sundae

4 SERVİS yapar

İÇİNDEKİLER
- 1 Su Bardağı Pişmiş Tatlı Patates (Yaklaşık 1 Büyük Tatlı Patates)
- 1½ Bardak Çok Amaçlı Un
- 2 Yemek Kaşığı Esmer Şeker
- 1 ½ Çay Kaşığı Kabartma Tozu
- ½ Çay Kaşığı Koşer Tuz
- ¼ Çay Kaşığı Karbonat
- 1 Su Bardağı Ayran
- 2 Büyük Yumurta
- ½ Bardak Ceviz
- 2 Yemek Kaşığı Tuzsuz Tereyağı, Eritilmiş
- 1 Yemek Kaşığı Açık Esmer Şeker
- Burbon Şurubu:
- 1 Bardak Saf Akçaağaç Şurubu
- 2 Yemek Kaşığı Tuzsuz Tereyağı 2 Yemek Kaşığı Burbon

Talimatlar

a) Orta boy bir kapta un, şeker, kakao tozu, kabartma tozu ve tuzu birleştirin. Orta ateşte küçük bir tencerede tereyağı ve çikolatayı birlikte eritin ve biraz soğumaya bırakın.

b) Unun içine eritilmiş tereyağı ve çikolatayı, ayrıca sütü, vanilya özütünü ve yumurta sarısını çırpın.

c) Temiz, orta boy bir kapta, yumurta aklarını yumuşak zirvelere ulaşana kadar kuvvetlice çırpın. Çırpılmış yumurta aklarının 1/3'ünü kepçe ile ayırın ve yumurta aklarının havasını söndürmemeye dikkat ederek yavaşça waffle hamuruna ekleyin.

d) Bir seferde kalan beyaz 1/3 ile devam edin.

e) Waffle makinesini açın ve alev simgesinin yanıp sönmesi durana kadar ön ısıtma yapın. Ardından üzerine eritilmiş tereyağı sürün veya fırın spreyi sıkın.

f) Waffle demirinin ortasına yaklaşık ½ fincan hamur dökün ve üstünü kapatın.

g) Üstünü kapattıktan sonra waffle demirini 180° çevirin ve 2 dakika kadar pişirin.

h) Yaklaşık iki dakika sonra güzel bir altın rengine sahip olmalısınız. Biraz daha yapılmasını istiyorsanız üstünü kapatıp "biraz daha" butonuna basınız.

i) Üzerine bir soğutma rafı yerleştirilmiş kenarlı bir fırın tepsisine aktarın.

j) Waffle'ları sıcak kalmaları için 250° fırında tutun.

k) Kalan meyilli ile tekrarlayın. Servis için: Bir waffle'ın üzerine 2-3 top dondurma koyun ve çikolata sosu, karamel sosu ve krem şanti ile süsleyin.

3. kahvaltı tavası

Yapım: 2

İÇİNDEKİLER:
- Soyulmuş ve küpler halinde kesilmiş 1 büyük veya 2 küçük tatlı patates
- 1/2 su bardağı doğranmış yeşil biber
- 1/2 bardak doğranmış soğan
- 1/2 su bardağı doğranmış mantar
- 1 adet küp doğranmış roma domates
- 2 yemek kaşığı rendelenmiş kaşar peyniri
- 2 yumurta
- 2 çay kaşığı Hindistan cevizi yağı
- 2 çay kaşığı kimyon
- tatmak için taze çekilmiş karabiber

Talimatlar
a) Bir fırın tepsisinde, tatlı patates küplerinin üzerine sıvı yağ gezdirin, kimyon ve karabiberle çeşnilendirin ve iyice karıştırın.

b) Kızarana ve çıtır çıtır olana kadar 30 dakika pişirin.

c) Patatesler pişirme süresinin yarısına geldiğinde, orta-yüksek ateşte bir tavada zeytinyağını ısıtın.

d) Yeşil biber, soğan ve mantarları soteleyin.

e) Patatesler bittiğinde, sebzelerle iyice karıştırın.

f) Ateşten alın, domates ekleyin ve bir kenara koyun. Peynir serpin.

4. Tatlı patates hash yumurta tava

Porsiyon: 1

İçindekiler
- 1 pound tatlı patates, küp şeklinde
- 1/4 sarı soğan, doğranmış
- 1 büyük diş sarımsak, kıyılmış
- 1 yemek kaşığı sızma zeytinyağı
- 1/2 çay kaşığı öğütülmüş kişniş
- 1/4 çay kaşığı tuz
- 2 büyük yumurta
- 1 çay kaşığı füme kırmızı biber

soslar
- Brokoli Mikro Yeşillikler
- Kızarmış Pepitalar
- Kırmızı pul biber

Talimatlar
a) Orta-düşük bir tavada, 8 "veya 10" tavayı ısıtın.
b) Zeytinyağından sonra soğan ve sarımsak eklenmelidir.
c) 4-5 dakika veya soğan yarı saydam ve hoş kokulu olana kadar pişirin.
d) Tatlı patatesleri ekleyin ve düzenli olarak çevirerek 12 ila 15 dakika veya altın rengi ve yumuşak olana kadar pişirin.
e) Baharatları ve tuzu ekledikten sonra bir dakika daha pişirin.
f) Tatlı patateslerde iki kuyu yapın. Yumurtaları ekleyin ve yumurta akları ayarlanana ve sarılar istediğiniz kıvama gelene kadar yaklaşık 10 ila 12 dakika pişirin.
g) Servis yapmadan önce yumurta tavasını mikro yeşillikler, kızarmış pepitas ve kırmızı pul biberle süsleyin.

5. Yuvadaki Yumurtalar

Yapar: 6 porsiyon

İÇİNDEKİLER:
- 1 pound tatlı patates, soyulmuş
- 2 yemek kaşığı zeytinyağı
- 1/4 çay kaşığı tuz, bölünmüş
- 1/4 çay kaşığı karabiber, bölünmüş
- 12 büyük yumurta

TALİMATLAR:
a) Fırını 400 derece Fahrenheit'e önceden ısıtın.

b) Pişirme spreyi kullanarak 12 fincanlık bir çörek tepsisini kaplayın.

c) Bir kutu rende kullanarak, patatesleri parçalayın ve bir kenara koyun. Büyük bir tavada zeytinyağını orta-yüksek ateşte ısıtın. 1/8 çay kaşığı tuz, 1/8 çay kaşığı biber, doğranmış tatlı patates

d) Patatesleri yumuşayana kadar yaklaşık 5-6 dakika pişirin. Ateşten alın ve işlenecek kadar soğuyana kadar bir kenara koyun.

e) Her muffin kabında 1/4 fincan pişmiş patatese basın. Muffin kabının dibine ve yanlarına sıkıca bastırın.

f) Patatesleri pişirme spreyi ile kaplayın ve 5-10 dakika veya kenarları hafifçe kızarana kadar pişirin.

g) Her tatlı patates yuvasında bir yumurta kırın ve kalan 1/8 çay kaşığı tuz ve 1/8 çay kaşığı biberle baharatlayın.

h) 15-18 dakika veya yumurta akı ve sarısı istenilen pişme derecesine gelene kadar pişirin.

i) Tavadan çıkarmadan önce soğuması için 5 dakika bekletin. Servis yapın ve eğlenin!

6. Barbekü Ezmesi

Bileşen
- 3 tatlı patates, soyulmuş ve doğranmış
- 1 (8 ons) paket tempeh, doğranmış
- 1 soğan, ince kıyılmış
- 1 kırmızı dolmalık biber, ince doğranmış
- 1 çorba kaşığı mağazadan satın alınan barbekü sosu
- 1 çay kaşığı Cajun baharatı
- ¼ fincan kıyılmış taze maydanoz
- 4 yumurta Acı biber sosu (isteğe bağlı)

Talimatlar

a) 3 yemek kaşığı yağı orta-yüksek ateşte büyük bir yapışmaz tavada ısıtın. Tatlı patatesleri ve tempeh'i ekleyin ve ara sıra karıştırarak 5 dakika veya karışım kahverengileşene kadar pişirin. Sıcaklığı orta dereceye düşürün.

b) Soğanı ve dolmalık biberi ekleyin ve 12 dakika daha pişirin, pişirme süresinin sonunda daha sık karıştırarak tempeh kızarana ve patatesler yumuşayana kadar pişirin.

c) Barbekü sosu, Cajun baharatı ve maydanozu ekleyin. Birleştirmek için karıştırın, ardından 4 servis tabağına bölün.

d) Tavayı bir kağıt havluyla silin. Isıyı orta-düşük seviyeye düşürün ve kalan 1 yemek kaşığı yağı ekleyin. Yumurtaları tavaya kırın ve istediğiniz kıvamda pişirin.

e) Karmanın her bir bölümünün üzerine bir yumurta sürün ve hemen servis yapın. İstenirse acı biber sosunu masaya gezdirin.

7. Tatlı Patates Cevizli Bourbon Gofretler

4 SERVİS yapar

İÇİNDEKİLER

- 2 ½ -3LBS domuz omzunu ovmak için
- 2 çay kaşığı toz biber
- 2 çay kaşığı toz kimyon
- 2 çay kaşığı koşer tuzu
- 1 çay kaşığı kırmızı biber
- 1 çay kaşığı karabiber
- ½ çay kaşığı sarımsak tozu
- ½ çay kaşığı soğan tozu
- ½ ÇAY KAŞIĞI Acı biber

BARBEKÜ SOS İÇİN:

- 1 büyük soğan, doğranmış
- 3 diş sarımsak, kıyılmış
- 1 ½ su bardağı ketçap
- ½ su bardağı esmer şeker
- 2 yemek kaşığı elma sirkesi
- 4 çay kaşığı worcestershire sosu
- 1 çay kaşığı acı biber
- 1 çay kaşığı koşer tuzu
- 1 yemek kaşığı burbon

Gofretler için

- 1 ½ su bardağı çok amaçlı un
- ¾ bardak sarı mısır unu
- 1 yemek kaşığı şeker kamışı
- 2 çay kaşığı kabartma tozu
- 1 çay kaşığı kabartma tozu
- ½ çay kaşığı koşer tuzu
- 1½ su bardağı ayran
- 2 büyük yumurta
- 2 yemek kaşığı tuzsuz tereyağı, eritilmiş
- ¼ bardak bal

TALİMATLAR

a) Orta boy bir kapta, tatlı patatesi bir çatalın arkasıyla ezin ve ardından un, kahverengi şeker, kabartma tozu, tuz ve kabartma tozunu birleştirin. Ayran, yumurta ve eritilmiş tereyağını çırpın.

b) Kuru leke kalmayıncaya kadar eritilmiş tereyağını ilave edin. Waffle makinesini açın ve alev simgesinin yanıp sönmesi durana kadar ön ısıtma yapın. Ardından üzerine eritilmiş tereyağı sürün veya fırın spreyi sıkın.

c) Waffle demirinin ortasına yaklaşık ½ fincan hamur dökün ve üstünü kapatın. Üstünü kapattıktan sonra waffle demirini 180° çevirin ve 2 dakika kadar pişirin. Yaklaşık iki dakika sonra güzel bir altın rengine sahip olmalısınız. Biraz daha yapılmasını istiyorsanız üstünü kapatıp "biraz daha" butonuna basınız.

d) Üzerine bir soğutma rafı yerleştirilmiş kenarlı bir fırın tepsisine aktarın. Waffle'ları sıcak kalmaları için 250° fırında tutun.

e) Kalan meyilli ile tekrarlayın. Gofretler pişerken orta boy bir tencerede orta ateşte şurup, tereyağı, burbon ve kahverengi şekeri birleştirin ve kaynama noktasına getirin. Yaklaşık 2 dakika pişirin.

f) Waffle'ları sıcak şerbetle servis edin.

g) Artık waffle'lar 3 aya kadar dondurulabilir. Ekstra şurubu bir şişeye dökün ve buzdolabında 1 aya kadar saklayın.

h) Servis yapmadan önce ısıtın.

8. Gofret Tatlı Patates Gnocchi

Yapar: 4 kişilik (yaklaşık 60 gnocchi yapar)

İÇİNDEKİLER
- 1 büyük fırında patates (kırmızı gibi) ve 1 büyük tatlı patates (toplamda yaklaşık 1½ pound)
- 1¼ su bardağı çok amaçlı un, ayrıca çalışma yüzeyini unlamak için daha fazlası
- ½ su bardağı rendelenmiş Parmesan peyniri
- 1 çay kaşığı tuz
- ½ çay kaşığı taze çekilmiş karabiber
- Bir tutam rendelenmiş hindistan cevizi (isteğe bağlı)
- 1 büyük yumurta, dövülmüş
- Yapışmaz pişirme spreyi veya eritilmiş tereyağı
- Pesto veya Waffle Adaçayı ve Tereyağı Sos

TALİMATLAR:
a) Fırını 350 ° F'ye ısıtın.

b) Patatesleri bir çatalla kolayca delinene kadar yaklaşık bir saat pişirin. Patatesleri biraz soğumaya bırakın, ardından soyun.

c) Patatesleri bir yemek değirmeni veya rendeden geçirin veya bir kutu rendenin büyük deliklerinden geçirip büyük bir kaseye rendeleyin.

d) 1¼ su bardağı unu patateslere ekleyin ve ellerinizi kullanarak karıştırın, yol boyunca patates topaklarını kırın. Peyniri, tuzu, karabiberi ve hindistan cevizini hamurun üzerine serpiştirin ve eşit şekilde dağıtmak için hafifçe yoğurun.

e) Un ve patatesler birleştiğinde, kasenin ortasını açın ve çırpılmış yumurtayı ekleyin. Parmaklarınızı kullanarak, bir araya gelmeye başlayana kadar yumurtayı hamurdan geçirin. Biraz yapışkan olacak.

f) Hafifçe unlanmış bir yüzeyde, hamuru bir araya getirmek için birkaç kez hafifçe yoğurun. Nemli olmalı, ancak ıslak ve yapışkan olmamalıdır. Çok yapışkansa, her seferinde ¼ fincana kadar 1 yemek kaşığı un ekleyin. Hamuru bir kütük haline getirin ve 4 parçaya kesin.

g) Her bir parçayı başparmağınızın çapı kadar bir ipe sarın ve ardından 1 inçlik parçalar halinde kesmek için keskin bir bıçak kullanın.

h) Waffle demirini orta derecede önceden ısıtın. Waffle demir ızgarasının her iki tarafını da yapışmaz spreyle kaplayın veya silikon pasta fırçası kullanarak ızgaraları yağlayın.

i) Fırını en düşük ayarına getirin ve bitmiş gnocchi'yi sıcak tutmak için bir fırın tepsisini bir kenara koyun.

j) Gnocchi'de kalan unu nazikçe sallayın ve her birinin genişlemesi için biraz boşluk bırakarak gözleme demirinin üzerine bir yığın yerleştirin. Kapağı kapatın ve gnocchi üzerindeki ızgara işaretleri altın rengi kahverengi olana kadar 2 dakika pişirin.

k) Pişmiş gnocchi'yi fırında fırın tepsisinde sıcak tutarak kalan gnocchi ile tekrarlayın.

l) Pesto Sos veya Gofret Adaçayı ve Tereyağı Sos ile sıcak servis yapın.

9. Tatlı patates tostu

İÇİNDEKİLER:

- 2 büyük tatlı patates, dilimlenmiş.
- ¼ inç kalınlığında dilimler.
- 1 yemek kaşığı avokado yağı.
- 1 çay kaşığı tuz ½ su bardağı guacamole.
- ½ fincan domates, dilimlenmiş.

TALİMATLAR:

a) Fırınınızı 425 ° F'ye ısıtın.
b) Bir fırın tepsisini parşömen kağıdı ile kaplayın.
c) Patates dilimlerini yağ ve tuzla ovun ve bir fırın tepsisine yerleştirin. Fırında 5 dakika pişirin, ardından ters çevirin ve tekrar 5 dakika pişirin.
d) Pişmiş dilimleri guacamole ve domatesle doldurun.

10. Kahvaltılık Tatlı Patates, Hibiskus Çaylı Yoğurt

Yapar: 2

İÇİNDEKİLER
- 2 mor tatlı patates

GRANOLA İÇİN:
- 2 ½ su bardağı yulaf
- 2 çay kaşığı kuru zerdeçal
- 1 çay kaşığı tarçın
- 1 yemek kaşığı narenciye kabuğu rendesi
- ¼ bardak bal
- ¼ su bardağı ayçiçek yağı
- ½ su bardağı kabak çekirdeği
- Bir tutam tuz

YOĞURT İÇİN:
- 1 su bardağı sade Yunan yoğurdu
- 1 çay kaşığı akçaağaç şurubu
- 1 ebegümeci poşet çay
- garnitür için yenilebilir çiçekler

TALİMATLAR
a) Fırını 425 dereceye ısıtın ve patatesleri her yerine bir çatalla delin.

b) Patatesleri kalay folyoya sarın ve 45 dakika ile bir saat arasında pişirin.

c) Fırından çıkarın ve soğumaya bırakın.

GRANOLA İÇİN:

d) Fırın ısısını 250 dereceye düşürün ve fırın tepsisini parşömen kağıdı ile kaplayın.

e) Tüm granola malzemelerini bir karıştırma kabında birleştirin ve her şey bal ve yağ ile kaplanana kadar karıştırın.

f) Astarlı fırın tepsisine aktarın ve mümkün olduğunca eşit şekilde yayın.

g) Her 15 dakikada bir karıştırarak veya granola kızarana kadar 45 dakika pişirin.

h) Fırından çıkarın ve soğumaya bırakın.

YOĞURT İÇİN:

i) Hibiskus çayını poşetin üzerindeki tarife göre demleyin ve soğuması için kenara alın.

j) Oda sıcaklığına geldiğinde, akçaağaç şurubu ve çayı yoğurda hafif pembe bir tonla pürüzsüz ve kremsi bir doku elde edene kadar çırpın.

MONTAJLAMA:

k) Patatesleri ikiye bölün ve üzerini granola, aromalı yoğurt ve yenilebilir çiçeklerle süsleyin.

11. Sosis-Tatlı Patates Ezmesi ve Yumurta

Yapar: 4

İÇİNDEKİLER:
- Yumurtalar, büyük 4
- Tuz 1/4 çay kaşığı
- Pekan cevizi (doğranmış) 1/4 su bardağı
- Yeşil soğan (dilimlenmiş) 4
- Kızılcık (kurutulmuş) 1/4 su bardağı
- Granny smith elma, orta boy (doğranmış) 2
- Tatlı patates, küp doğranmış (soyulmuş ve her biri 1/4 inçlik küpler) 2 İtalyan hindi sosisi (kasasız) 4 1/8 bardak

TALİMATLAR:
a) Pişirme spreyi ile kaplanmış büyük boy bir tava alın, tatlı patatesleri ve sosisleri orta ateşte 8 ila 10 dakika sosis artık pembeleşinceye ve sosisleri ufalanana kadar pişirin.

b) Tuz, ceviz, kızılcık ve elmayı ekleyin, pişirin ve patatesler yumuşayana kadar 4-6 dakika karıştırın.

c) Karışımı tavadan çıkarın, biraz yeşil soğan serpin. Sıcak tut.

d) Tavayı silerek temizleyin ve tekrar kaplamak için pişirme spreyi kullanın; tavayı orta-yüksek alevin üzerine yerleştirin.

e) Yumurtaları teker teker tavaya kırın. Alevi düşük seviyeye indirin. İstenilen donite elde edilene kadar pişirin. Beyazlar ayarlandıktan sonra isterseniz çevirin.

f) Hash ile servis yapın.

12. Tatlı Patates ve Yumurta Tava

Yapar: 8 porsiyon

İÇİNDEKİLER:
- ½ pound doğranmış domuz pastırması
- 1 su bardağı doğranmış soğan
- 1 tuz; tatmak
- 1 taze çekilmiş karabiber; tatmak
- 1 yemek kaşığı kıyılmış sarımsak
- 2 pound tatlı patates; soyulmuş, rendelenmiş

TALİMATLAR:
a) Büyük bir tavada pastırmayı çıtır çıtır olana kadar yaklaşık 8 dakika pişirin.

b) Soğanları ekleyin. Tuz ve karabiber serpin.

c) Soğanları yumuşayana kadar yaklaşık 2 dakika soteleyin.

d) Sarımsak ve tatlı patatesleri ekleyin. Tuz ve karabiber serpin.

e) Yaklaşık 10 ila 15 dakika soteleyin. Ateşten alın ve sıcak servis yapın.

12. Tatlı Patates ve Yumurta Tava

Yapar: 4

İÇİNDEKİLER:
- Biber (kaba öğütülmüş) 1/8 çay kaşığı
- Yumurtalar, büyük 4
- Bebek ıspanak (taze) 2 su bardağı
- Kuru kekik 1/8 çay kaşığı
- Tuz (bölünmüş) 1/2 çay kaşığı
- Diş sarımsak (kıyılmış) 1
- Tatlı patates, orta (rendelenmiş ve küp şeklinde) 4 su bardağı
- Tereyağı 2 yemek kaşığı

TALİMATLAR:
a) Ağır bir tava veya büyük bir dökme demir alın.
b) İçindeki tereyağını kısık ateşte ısıtın.
c) Kekik, 1/4 çay kaşığı tuz, sarımsak ve tatlı patates ekleyin.
d) Örtün ve patatesler yumuşayana kadar 4 ila 5 dakika pişirin. Periyodik olarak karıştırın.
e) İçine ıspanağı ekleyip 2-3 dakika suyunu çekene kadar karıştırın.
f) Patates karışımında dört kuyu yapmak için bir kaşığın arkasını kullanın.
g) Her bir kuyucuğa yumurtalardan birini kırın.
h) Yumurtaların üzerine biraz karabiber ve kalan tuzu serpin. Üzerini kapatın ve yumurta akları tamamen katılaşana ve sarısı koyulaşmaya başlayana kadar orta-kısık ateşte 5 ila 7 dakika pişirin, ancak sert olmadığından emin olun.

13. Kızarmış tatlı patates hashbrowns

Yapar: 8 porsiyon

İÇİNDEKİLER:
- ½ pound doğranmış domuz pastırması
- 1 su bardağı doğranmış soğan
- 1 tuz; tatmak
- 1 taze çekilmiş karabiber; tatmak
- 1 yemek kaşığı kıyılmış sarımsak
- 2 pound tatlı patates; soyulmuş, rendelenmiş

TALİMATLAR:
a) Büyük bir tavada pastırmayı çıtır çıtır olana kadar yaklaşık 8 dakika pişirin.
b) Soğanları ekleyin. Tuz ve karabiber serpin.
c) Soğanları yumuşayana kadar yaklaşık 2 dakika soteleyin.
d) Sarımsak ve tatlı patatesleri ekleyin. Tuz ve karabiber serpin.
e) Yaklaşık 10 ila 15 dakika soteleyin. Ateşten alın ve sıcak servis yapın.

14. Keçi peyniri, tatlı patates ve kruton omlet

Yapar: 2 Porsiyon

İÇİNDEKİLER:
- 2 yemek kaşığı Tuzsuz tereyağı
- 1 su bardağı yarım inçlik küpler kır tarzı ekmek
- 1 orta boy Tatlı patates -; (yaklaşık 1/2 lb)
- 1 küçük Kırmızı soğan; ince dilimlenmiş
- 2 ons Yumuşak yumuşak keçi peyniri; ufalanmış
- 1 çay kaşığı kıyılmış taze biberiye yaprağı
- 5 büyük Yumurta
- Tuz; tatmak
- taze çekilmiş karabiber; tatmak

TALİMATLAR:

a) Fırını 350 dereceye kadar önceden ısıtın. 8 inçlik yapışmaz bir tavada, 1 çorba kaşığı tereyağını orta ateşte eritin ve bir kasede ekmek küpleriyle karıştırın.

b) Bir fırın tepsisinde ekmek küplerini fırının ortasında yaklaşık 10 dakika soluk altın rengi ve gevrek olana kadar kızartın ve bir kaseye aktarın.

c) Tatlı patatesi soyun ve ¼ inçlik zarlar halinde kesin. Kaynar su üzerine ayarlanmış bir buharlı pişiricide patates ve soğanı yumuşayana kadar yaklaşık 4 dakika buharlayın ve krutonla atın. Karışımı soğutun ve keçi peyniri ve biberiye ile karıştırın. Bir kasede yumurtaları ve tadına bakmak için tuz ve karabiberi çırpın.

d) Tavada ½ yemek kaşığı tereyağını orta-yüksek ateşte köpük geçene kadar ısıtın. Yumurtaların yarısını dökün, tabana eşit şekilde yaymak için tavayı çevirin.

e) Omleti 1 dakika veya neredeyse katılaşana kadar pişirin, üst katmanı bir çatalın arkasıyla karıştırın ve tavayı sallayarak pişmemiş yumurtaların altına akmasına izin verin.

f) Omletin yarısını kızarmış ekmek karışımının yarısıyla serpin ve 1 dakika daha veya sertleşene kadar pişirin. Omleti doldurmanın üzerine katlayın ve bir tabağa aktarın.

g) Omleti sıcak tutarken kalan tereyağı, yumurta ve kruton karışımı ile aynı şekilde bir omlet daha yapın.

mezeler

15. Romlu Tatlı Patates ve Elma

Yapar: 6

İÇİNDEKİLER:
- ¼ çay kaşığı karabiber
- 3 tatlı patates, temizlenmiş ve çatalla delinmiş
- ½ çay kaşığı öğütülmüş tarçın
- 1 yemek kaşığı elma sirkesi
- ½ çay kaşığı koşer tuzu
- 2 yemek kaşığı koyu rom
- 1 yemek kaşığı tuzsuz tereyağı

SÜSLEME
- 2 su bardağı soyulmuş ve doğranmış Granny Smith elması
- Taze adaçayı yaprakları
- 3 yemek kaşığı kıyılmış ceviz, kızarmış

TALİMATLAR:
a) Tepesi hariç tüm malzemeleri 6 litrelik bir Crockpot'ta birleştirin.
b) Patatesler yumuşayana kadar yaklaşık 6 saat yavaş pişirin.
c) Patatesleri çıkarın ve uzunlamasına ikiye bölün.
d) Elma, ceviz ve adaçayı yaprakları ile süsleyin.

16. Doldurulmuş Tatlı Patates

Yapar: 1

İÇİNDEKİLER:
- 1 su bardağı su
- 1 tatlı patates
- 1 yemek kaşığı saf akçaağaç şurubu
- 1 yemek kaşığı badem ezmesi
- 1 yemek kaşığı kıyılmış ceviz
- 2 yemek kaşığı yaban mersini
- 1 çay kaşığı chia tohumu
- 1 çay kaşığı köri ezmesi

TALİMATLAR:

a) Hazır tencerenize bir bardak su ve buhar rafını ekleyin.

b) Kapağı kapatın ve serbest bırakma valfinin doğru konumda olduğundan emin olarak tatlı patatesi rafa yerleştirin.

c) Instant Pot'u manuel olarak 15 dakika yüksek basınca önceden ısıtın. Basıncın oluşması birkaç dakika alacaktır.

d) Zamanlayıcı kapandıktan sonra, basıncın 10 dakika doğal olarak düşmesine izin verin. Kalan basıncı boşaltmak için boşaltma valfini çevirin.

e) Şamandıra valfi düştüğünde, kapağı açarak tatlı patatesi çıkarın.

f) Tatlı patates işlenecek kadar soğuduğunda ikiye bölün ve etini bir çatalla ezin.

g) Üzerine ceviz, yaban mersini ve chia tohumu ekleyin, ardından akçaağaç şurubu ve badem ezmesi ile gezdirin.

17. Rokalı Tatlı Patates Doldurma

Yapar: 1

İÇİNDEKİLER:
- ½ tatlı patates, pişmiş
- 2 yumurta
- ½ su bardağı mikro roka, doğranmış
- Tuz ve biber
- Zeytinyağı Çiselemek

TALİMATLAR:
a) Yeşillikleri zeytinyağı ile hafifçe gezdirin ve bir tutam tuzla tatlandırın.
b) Bir tavayı veya ızgarayı orta-yüksek ateşte önceden ısıtın.
c) Tava ısıtıldığında zeytinyağını ekleyin ve tatlı patatesi eklemeden önce yaklaşık 30 saniye pişirin.
d) Kenarları kızarana kadar pişirin, sonra çevirin.
e) Tatlı patates dilimlerini tavadan alın ve hazırlanan yeşilliklerin üzerine düz bir şekilde yerleştirin.
f) Ardından tavanızda iki yumurtayı kırın.
g) Yumurtalar pişerken tuz ve karabiber serpin.
h) Biraz ekstra lezzet için kekik veya kekik gibi bazı otlar veya ezilmiş kırmızı biber serpin.
i) Yumurtaları tatlı patates dilimlerinin üzerine yerleştirin.
j) Kenara ayırdığınız yeşilliklerle süsleyin.

18. Chiles Anchos Rellenos

4 porsiyon

İçindekiler
kırmızı biber için
- 1 yemek kaşığı yağ
- 2 bardak ince dilimlenmiş beyaz soğan
- 3 diş sarımsak, soyulmuş ve ezilmiş
- 2 su bardağı sıcak suda eritilmiş 2 yemek kaşığı demirhindi ezmesi
- 1 su bardağı melao (kamış şurubu) veya esmer şeker
- 1/2 çay kaşığı kurutulmuş yaprak kekik
- 1/2 çay kaşığı kuru kekik
- 1/2 çay kaşığı tuz
- 8 orta ila büyük ancho chiles, bir tarafı aşağı doğru kesilmiş, tohumları çıkarılmış

Dolgu için
- 4 su bardağı Kavrulmuş Sarımsaklı Tatlı Patates
- Kavrulmuş havuç
- 2 ons keçi peyniri, rendelenmiş
- tutam tuz
- 2 çay kaşığı sızma zeytinyağı

Talimatlar

a) Biberleri hazırlayın. Orta boy bir tencerede yağı düşük ila orta ateşte ısıtın. Soğanı ekleyin ve hafifçe kızarana kadar pişirin. Sarımsağı ekleyin ve bir dakika daha pişirin.

b) Demirhindi aromalı su, melao, kekik, kekik ve tuzu karıştırın.

c) Biberleri ekleyin, örtün ve 10 dakika boyunca çıplak bir kaynamada pişirin. Tavayı ocaktan alın, üzerini açın ve en az 10 dakika soğutun.

d) Dolguyu yap. Biberler soğurken tatlı patatesleri ve/veya havuçları ve queso fresco veya panela'yı birleştirin. Tuz ve yağı birlikte çırpın ve sebzelerle birlikte atın.

e) Biberleri doldurun ve servis edin. Büyük oluklu bir kaşık kullanarak, biberleri bir süzgeçten geçirin ve 5 dakika süzün.

f) Her şiliye dikkatlice yaklaşık 1/4 fincan dolgu koyun ve dört plakanın her birine 2 tane koyun. Her porsiyonun üzerine biraz soğan koyun ve peynirle süsleyin. Oda sıcaklığında servis yapın.

19. Tatlı Patates ve Havuç Tinga Tacos

Toplam Süre-30 dakika

İçindekiler
- 1/4 su bardağı Su
- 1 su bardağı ince dilimlenmiş beyaz soğan
- 3 diş sarımsak, kıyılmış
- 2 1/2 su bardağı Rendelenmiş tatlı patates
- 1 su bardağı rendelenmiş havuç
- 1 kutu (14 oz.) Doğranmış domates
- 1 çay kaşığı. Meksika kekiği (isteğe bağlı)
- Adobe'de 2 Chipotle biber
- 1/2 bardak Sebze suyu
- 1 Avokado, dilimlenmiş
- 8 ekmeği

Talimatlar
a) Orta ateşte büyük bir sote tavasında su ve soğanı ekleyin, soğan yarı saydam ve yumuşak olana kadar 3-4 dakika pişirin. Sarımsağı ekleyin ve 1 dakika karıştırarak pişirmeye devam edin.

b) Tavaya tatlı patates ve havuç ekleyin ve sık sık karıştırarak 5 dakika pişirin.

c) Sos:

d) Doğranmış domatesleri, sebze suyunu, kekik ve pul biberi blendere koyun ve pürüzsüz olana kadar işleyin.

e) Tavaya chipotle-domates sosu ekleyin ve ara sıra karıştırarak 10-12 dakika tatlı patates ve havuç tamamen pişene kadar pişirin. Gerekirse, tavaya daha fazla sebze suyu ekleyin.

f) Sıcak ekmeğin üzerinde ve avokado dilimleri ile servis yapın.

20. KAVRULMUŞ KÖK PIZZA

Bileşen

- Pizza kabuğunu serpmek için çok amaçlı un veya pizza tepsisini yağlamak için zeytinyağı
- 1 ev yapımı hamur
- 1/2 büyük sarımsak başı
- 1/2 küçük tatlı patates, soyulmuş, uzunlamasına ikiye bölünmüş ve ince dilimlenmiş
- 1/2 küçük rezene soğanı, ikiye bölünmüş, temizlenmiş ve ince dilimlenmiş
- 1/2 küçük yaban havucu, soyulmuş, uzunlamasına ikiye bölünmüş ve ince dilimlenmiş
- 1 yemek kaşığı zeytinyağı
- 1/2 çay kaşığı tuz
- 4 ons (1/4 pound) mozzarella, kıyılmış
- 1 ons Parmigiana, ince rendelenmiş
- 1 yemek kaşığı şuruplu balzamik sirke

TALİMATLAR

a) Soyulmamış sarımsak dişlerini küçük bir alüminyum folyo pakete sarın ve 40 dakika boyunca doğrudan ateşte pişirin veya ızgara yapın.

b) Bu arada tatlı patates, rezene ve yaban havucunu zeytinyağı ve tuzla birlikte geniş bir kaseye atın.

c) Kasenin içindekileri büyük bir fırın tepsisine dökün.

d) Fırına veya ızgaranın ısıtılmamış bölümünün üzerine yerleştirin ve ara sıra çevirerek yumuşak ve tatlı olana kadar 15 ila 20 dakika kızartın.

e) Sarımsağı bir kesme tahtasına aktarın, paketi açın, buharına dikkat edin.

f) Fırının veya gazlı ızgaranın sıcaklığını 450°F'ye yükseltin.

g) Kenarda 1/2 inçlik bir kenarlık bırakarak, kıyılmış mozzarella peynirini hazırlanan kabuğun üzerine yayın. Peyniri tüm sebzelerle doldurun, etli, yumuşak sarımsağı kağıt kabuğundan çıkarın ve turtanın üzerine sıkın. Rendelenmiş Parmigiana ile doldurun.

h)

i) Pizzayı kabuğundan sıcak taşa kaydırın veya pizzayı tepsisine veya fırın tepsisine fırına veya ızgaranın ısıtılmamış bölümünün üzerine yerleştirin. Kabuk altın rengi kahverengiye dönene ve hatta altı biraz koyulaşana kadar, peynir eriyip kahverengileşmeye başlayana kadar kapağı kapalı olarak pişirin veya ızgara yapın, 16 ila dakika. Taze hamurda ilk 10 dakikada bir miktar hava kabarcığı oluşabilir; özellikle kenarlarında, eşit bir kabuk sağlamak için bunları bir çatalla patlatın.

j) Sıcak taştan çıkarmak için kabuğu tekrar kabuğun altına kaydırın veya pizzayı tepsisine veya fırın tepsisine bir tel rafa aktarın. 5 dakika kenara koyun. Kabuğun çıtır çıtır olmasını sağlamak için, bir dakika kadar sonra soğuması için turtayı kabuktan, tepsiden veya un tabakasından doğrudan tel rafa aktarmak isteyebilirsiniz.

k) Biraz soğuduktan sonra turtayı balzamik sirke ile gezdirin ve dilimleyerek servis yapın.

21. tatlı patates latkeleri

Yapar: 4 Porsiyon

İÇİNDEKİLER:
- 1¾ pound Portakal etli tatlı patates; soyulmuş
- 1 Soğan
- 5 Yumurta akı
- ½ çay kaşığı Tuz
- ¼ çay kaşığı öğütülmüş beyaz biber
- ⅓ su bardağı Un
- Yağ
- 1⅓ bardak Elma püresi; isteğe bağlı

TALİMATLAR:
a) Tatlı patatesleri ve soğanı rende diskli mutfak robotunda veya el rendesinin büyük deliklerinden geçirerek rendeleyin. Büyük kaseye aktarın. Yumurta aklarını tuz ve karabiberle hafifçe çırpın ve patates karışımına ekleyin. İyice karıştırın. Un ekleyin ve iyice karıştırın.

b) 2 yemek kaşığı yağı orta ateşte 10-12 inçlik ağır yapışmaz tavada ısıtın. ¼ fincan ölçüsünü karışımla doldurun, sıkıştırmak için bastırın ve tavada tümseğe çevirin. 3 mandal daha için hızlıca tekrarlayın. 2½ ila 3 inçlik kek oluşturmak için her birini kaşığın arkasıyla düzleştirin ve sıkıştırmak için bastırın. Her tarafı 1- ½ dakika pişirin.

c) Oluklu spatula ile yapışmaz fırın tepsisine çıkarın. Tavaya biraz daha yağ ekleyerek ve her parti için hamuru karıştırarak kalan meyilli ile devam edin.

d) Altın kahverengi olana kadar yaklaşık 10 dakika 450 derece F'de pişirin. Ters çevirin ve 5 dakika daha pişirin. Arzuya göre elma püresi ile sıcak servis yapın.

22. Daigaku imo

2–4 HİZMETLER

- 1 tatlı patates
- 3 yemek kaşığı bitkisel yağ
- 5 yemek kaşığı pudra şekeri
- ¼ çay kaşığı soya sosu

1 misket limonunun rendelenmiş kabuğu artı ½ misket limonunun suyu 1 çay kaşığı çörek otu

TALİMATLAR:

a) Tatlı patatesi iyice yıkayın (soymayın) ve en fazla 3 cm kalınlığında düzensiz dilimler halinde kesin. Fazla nişastayı çıkarmak için takozları 20-30 dakika soğuk suda bekletin, ardından mutfak kağıdı veya temiz bir mutfak havlusu ile tamamen kurulayın.

b) Yağ, şeker, soya sosu, misket limonu kabuğu rendesi ve suyu derin bir tavaya alıp kısık ateşte karıştırarak pişirin. Patatesleri tavaya ekleyin, şeker karışımını kaplamak için fırlatın ve ısıyı ortama yükseltin. Tavaya bir kapak yerleştirin ve cızırtı duyuncaya kadar ısınmaya bırakın.

c) Isıyı orta-düşük seviyeye düşürün ve 2-3 dakika daha pişirin, ardından kapağı çıkarın ve her tarafının hafifçe kızarmasını sağlamak için patatesleri sık sık çevirerek yaklaşık 10 dakika daha pişirin. Patatesler, bir çubuk veya tereyağı bıçağıyla kolayca delebildiğiniz zaman yapılır.

d) Patatesler yumuşayınca ve güzelce kızardığında, ısıyı kapatın ve susam tohumlarını karıştırın.

e) Biraz soğumaya bırakın, sonra tek başına veya vanilyalı dondurma ile keyfini çıkarın.

23. Quinoa çörek ısırıkları

İÇİNDEKİLER:

- 1 ½ su bardağı hazır kinoa.
- 2 yumurta, çırpılmış.
- ½ su bardağı tatlı patates püresi.
- ½ su bardağı siyah fasulye.
- 1 yemek kaşığı kıyılmış kişniş.
- 1 tatlı kaşığı kimyon
- 1 tatlı kaşığı pul biber
- ½ çay kaşığı sarımsak tozu.
- ½ çay kaşığı tuz.
- ⅛ çay kaşığı karabiber.
- Pişirme spreyi.

TALİMATLAR:

a) Fırını 350° F'ye önceden ısıtın. tüm malzemeleri büyük bir kaseye ekleyin ve her şey bütünleşene kadar karıştırın.

b) Karışımı muffin kalıplarına bir yemek kaşığı yardımıyla paylaştırın ve her birinin üstünü hafifçe bastırın. Tamamen pişene kadar pişirin ve yaklaşık 15-20 dakika bir arada tutun.

24. Zerdeçallı Tatlı Patates Köftesi

Yapar: 10 köfte

İÇİNDEKİLER:

- ½ su bardağı gram un
- 1 tatlı patates, soyulmuş ve doğranmış
- ½ sarı veya kırmızı soğan, soyulmuş ve ince doğranmış
- 1 yemek kaşığı limon suyu
- Garnitür için kıyılmış taze maydanoz veya kişniş
- 1 çay kaşığı zerdeçal tozu
- 1 çay kaşığı öğütülmüş kişniş
- 1 çay kaşığı garam masala
- 3 yemek kaşığı yağ, bölünmüş
- 1 parça zencefil kökü, soyulmuş ve rendelenmiş veya kıyılmış
- 1 çay kaşığı kimyon tohumu
- 1 çay kaşığı kırmızı şili tozu veya kırmızı biber
- 1 su bardağı bezelye, taze veya dondurulmuş
- 1 yeşil Tay, serrano veya kırmızı biber, doğranmış
- 1 çay kaşığı kaba deniz tuzu

TALİMATLAR:

a) Patatesi 7 dakika veya yumuşayana kadar buharda pişirin.
b) Bir patates ezici ile yavaşça parçalayın.
c) Orta ateşte sığ bir tavada 2 yemek kaşığı yağı ısıtın.
d) Kimyonu ekleyin ve 30 saniye veya cızırdayana kadar pişirin.
e) Soğan, zencefil kökü, zerdeçal, kişniş, garam masala ve kırmızı şili tozu ekleyin.
f) 3 dakika daha veya yumuşayana kadar pişirin.
g) Karışımı soğumaya bırakın.
h) Karışım soğuduktan sonra bezelye, yeşil biber, tuz, gram unu ve limon suyuyla birlikte patateslere ekleyin.
i) Ellerinizle iyice karıştırın.
j) Karışıma köfte şekli verin ve fırın tepsisine dizin.
k) Kalan 1 çorba kaşığı yağı orta ateşte ağır bir tavada ısıtın.
l) Köfteleri her bir yüzünü 3 dakika gruplar halinde pişirin.
m) Taze maydanoz veya kişniş ile süsleyerek servis yapın.

25. tatlı patates cipsi

Yapar: 6

İÇİNDEKİLER:
- 1 yemek kaşığı zeytinyağı
- ⅓ bardak doğranmış domates
- ⅓ su bardağı kıyılmış avokado
- 1 çay kaşığı pul biber
- 1 çay kaşığı sarımsak tozu
- 3 tatlı patates
- 1½ çay kaşığı kırmızı biber
- ⅓ su bardağı yağı azaltılmış rendelenmiş Cheddar peyniri

TALİMATLAR:
a) Fırını 425 derece Fahrenheit'e ısıtın. Fırın tepsilerini yapışmaz pişirme spreyi ile kaplayın ve üzerlerini folyo ile kapatın.

b) Tatlı patatesleri soyun ve ince bir şekilde 14 inçlik turlara dilimleyin.

c) Turşuları zeytinyağı, kırmızı biber tozu, sarımsak tozu ve kırmızı biberle atın.

d) Önceden ısıtılmış tavaya eşit şekilde yayın ve 25 dakika pişirin, pişme süresinin yarısında üzeri kızarana kadar ters çevirin.

e) Tavayı fırından çıkarın ve tatlı patatesleri fasulye ve peynirle doldurun.

f) Peynir eriyene kadar 2 dakika daha pişirin.

g) Üzerine domates ve avokadoyu atın. Sert.

26. Tatlı patates Marshmallow ısırıkları

Yapar: 6-8

İÇİNDEKİLER:

- 4 tatlı patates, soyulmuş ve dilimlenmiş
- 2 yemek kaşığı eritilmiş bitki bazlı tereyağı
- 1 çay kaşığı akçaağaç şurubu
- koşer tuzu
- 10 onsluk marshmallow torbası
- ½ fincan pekan yarımları

TALİMATLAR:

a) Fırını 400 derece Fahrenheit'e önceden ısıtın.

b) Tatlı patatesleri eritilmiş bitki bazlı tereyağı ve akçaağaç şurubu ile bir fırın tepsisine atın ve eşit bir tabaka halinde düzenleyin. Tuz ve karabiber serpin.

c) Yumuşak olana kadar pişirin, yaklaşık 20 dakika, yarıya kadar çevirin. Kaldırmak.

d) Her tatlı patates turunu bir hatmi ile doldurun ve 5 dakika kızartın.

e) Her hatmi üzerine bir ceviz yarısı ile hemen servis yapın.

27. Ceviche Peruano

İçindekiler

- 2 orta boy patates
- 2 adet tatlı patates
- 1 kırmızı soğan, ince şeritler halinde kesilmiş
- 1 bardak taze limon suyu
- 1/2 sap kereviz, dilimlenmiş
- 1/4 bardak hafifçe paketlenmiş kişniş yaprakları
- 1 tutam öğütülmüş kimyon
- 1 diş sarımsak, kıyılmış
- 1 habanero biber
- 1 tutam tuz ve taze çekilmiş karabiber
- 1 kiloluk taze tilapia, 1/2-inç kesilmiş
- 1 kiloluk orta boy karides - soyulmuş,

Talimatlar

a) Patatesleri ve tatlı patatesleri bir tencereye koyun ve suyla kaplayın. Dilimlenmiş soğanı ılık su dolu bir kaseye koyun.

b) Kereviz, kişniş ve kimyonu karıştırın ve sarımsak ve habanero biberini ekleyin. Tuz ve karabiberle tatlandırın, ardından doğranmış tilapia ve karidesi ekleyin

c) Servis yapmak için patatesleri soyun ve dilimler halinde kesin. Soğanları balık karışımına karıştırın. Servis kaselerini marul yaprakları ile sıralayın. Suyundan oluşan ceviche'yi kaselere paylaştırın ve patates dilimleri ile süsleyin.

28. Zencefilli tatlı patatesli börek

Yapar: 1 porsiyon

İÇİNDEKİLER:
- 1/2 kiloluk tatlı patates
- 1½ çay kaşığı Kıyılmış soyulmuş taze zencefil kökü
- 2 çay kaşığı taze limon suyu
- ¼ çay kaşığı Kurutulmuş acı kırmızı biber gevreği
- ¼ çay kaşığı Tuz
- 1 büyük yumurta
- 5 yemek kaşığı Çok amaçlı un
- Derin kızartma için bitkisel yağ

TALİMATLAR:
a) Tatlı patatesi soyup rendeleyin. Rendelenmiş tatlı patatesi zencefil kökü, limon suyu, kırmızı pul biber ve tuzla birlikte mutfak robotunda ince ince doğrayın, yumurta ve unu ekleyin ve karışımı iyice karıştırın.

b) Büyük bir tencerede 1½ inç yağı orta derecede yüksek ateşte 360F'ye ısıtın. derin yağ termometresinde, tatlı patates karışımından yemek kaşığı partiler halinde yağa damlatın ve börekleri çevirerek 2 dakika veya altın rengi olana kadar kızartın.

c) Börekleri boşaltmak için kağıt havlulara aktarın.

BURGERLER, DAMLALAR VE SANDVİÇLER

29. Quinoa ve Tatlı Patates Burger

Yapar: 6

İçindekiler
- 3 orta boy tatlı patates, pişmiş
- 2 yumurta
- 1 su bardağı nohut unu
- 1 çay kaşığı pul biber
- 1 yemek kaşığı tam tahıllı Dijon hardalı
- 1 yemek kaşığı Ceviz Ezmesi veya diğer Fındık Ezmesi
- ½ limon suyu
- 1 tutam deniz tuzu
- 200 gr kinoa
- kızartmak için yer fıstığı yağı
- Yaban turpu ekşi krema
- 3 yemek kaşığı ince rendelenmiş yaban turpu
- 1¼ su bardağı ekşi krema
- Deniz tuzu

Hizmet etmek
- 6 burger ekmeği, ikiye bölünmüş
- çörekler için tereyağı
- ince dilimlenmiş kırmızı Asya arpacık
- ince kıyılmış frenk soğanı

Talimatlar

a) Patatesleri uzunlamasına ikiye bölün ve içini bir kaşık yardımıyla sıyırın.

b) Yumurtaları bir mutfak robotunda karıştırın ve tatlı patates, nohut unu, kırmızı toz biber, hardal, Fındık Ezmesi, limon suyu ve tuzu karıştırın. Kinoayı ekleyin.

c) Karışımdan azar azar alarak yuvarlak köfteler yapın.

d) Bir karıştırma kabında tuz, yaban turpu ve ekşi kremayı birleştirin.

e) Orta ateşte köftelerin her iki tarafını da birkaç dakika kızartın.

f) Çöreklerin kesilen yüzeylerini yağlayın ve hızlı bir şekilde ızgara yapın.

g) Her bir çöreğin altına bir burger yerleştirin ve yaban turpu ekşi kreması, arpacık soğanı ve frenk soğanı ile kaplayın.

30. Mercimek pirinç burgerleri

Yapar: 8 porsiyon

İçindekiler
- ¾ bardak Mercimek
- 1 tatlı patates
- 10 adet taze ıspanak yaprağı, doğranmış
- 1 su bardağı taze mantar, doğranmış
- ¾ fincan Ekmek kırıntıları
- 1 çay kaşığı Tarhun
- 1 çay kaşığı Sarımsak tozu
- 1 çay kaşığı maydanoz gevreği
- ¾ bardak Uzun taneli pirinç

Talimatlar
a) Pirinci yumuşak ve hafif yapışkan olana kadar pişirin, ardından mercimek ekleyin.
b) Pişmiş soyulmuş bir tatlı patatesi kıyın.
c) Pirinç karışımını, tatlı patatesi ve diğer tüm malzemeleri bir karıştırma kabında birleştirin.
a) 15 ila 30 dakika soğutun. Köfte haline getirin ve sebze ızgarası ile açık havadaki barbeküde pişirin.
b) Burgerlerin yapışmasını önlemek için tavayı yağladığınızdan veya Pam ile püskürttüğünüzden emin olun.

31. Baharatlı Tatlı Patates ve Siyah Fasulye Taquitos

Yapar: 3

İÇİNDEKİLER:
- 1 orta boy patates kavrulmuş tatlı patates
- 1/4 su bardağı siyah fasulye, pişmiş
- 3 4 "mısır ekmeği
- 1 yemek kaşığı bitki bazlı tereyağı
- 1/4 çay kaşığı soğan tozu
- 1/4 çay kaşığı sarımsak tozu
- 1/2 çay kaşığı toz biber
- 1 çay kaşığı biber gevreği
- 1 yemek kaşığı besin mayası
- 1/4 çay kaşığı kırmızı biber
- 1/2 çay kaşığı kimyon
- 1 çay kaşığı koşer tuzu

TALİMATLAR:

a) Hava fritözünüzü 4 dakika 400 °F'de açın.

b) Bir kasede, tatlı patatesi bir çatal kullanarak alın ve ardından bitki bazlı tereyağı ile birlikte ezin.

c) Besin mayası ve tüm baharatları pürüzsüz bir kıvam elde edinceye kadar karıştırın.

d) Ekmeği nemli bir kağıt havluya sarın ve paketlerken yırtılma olasılığını azaltmak için 30 saniye mikrodalgaya koyun.

e) Bir tabak kullanarak yaklaşık 1 çay kaşığı sebze suyu ekleyin. Tabağa bir tortilla koyun ve bir tarafını et suyu ile kaplamak için ovalayın.

f) Tortilla'nın kuru tarafına, karışımın ⅓'ünü kenarına yakın bir yere ve 1½ yemek kaşığı fasulye ekleyin. Fasulyeleri, düşmelerini önlemek için patateslerin içine bastırın.

g) Doldurulmuş kenarı alıp ters çevirerek bir taquito haline getirin. Tortillanın yırtılmasını önlemek için sıkı ve dikkatli bir şekilde yuvarladığınızdan emin olun.

h) Dikiş yerini fritözün sepetine yerleştirin.

i) Tüm taquitolar yapılana kadar kalan tüm tortilla porsiyonlarını doldurmayı tekrarlayın.

j) Kabuklar tamamen çıtır çıtır olana kadar fritözde 10 dakika pişirin.

k) Guacamole, salsa veya bitki bazlı krema ile süsleyin.

ANA DİL

32. Tatlı Patatesli Baharatlı Tavuk Çeyrekleri

Yapar: 4

İÇİNDEKİLER:
- ½ çay kaşığı karabiber
- 2 yemek kaşığı zeytinyağı
- 2 tatlı patates, soyulmuş ve küp şeklinde doğranmış
- 1 yemek kaşığı mısır nişastası
- ½ çay kaşığı acı biber
- 1 yemek kaşığı su
- 1 çay kaşığı pul biber
- Taze kişniş yaprakları
- ¼ çay kaşığı öğütülmüş tarçın
- 1 yemek kaşığı açık kahverengi şeker
- 1 çay kaşığı koşer tuzu
- ¾ bardak tuzsuz tavuk suyu
- 4 tavuk budu çeyrek, derili

TALİMATLAR:
a) Bir Crockpot'ta tatlı patatesleri bir tabaka halinde düzenleyin ve tuz ve karabiber ekleyin.
b) Bir karıştırma kabında, kahverengi şeker, acı toz, kırmızı biber ve tarçını birleştirin.
c) Baharat karışımını tavuğun her yerine sürün.
d) Yağı yapışmaz bir tavada orta ateşte ısıtın.
e) Tavuğu her iki tarafta 2 ila 3 dakika kızartın.
f) Damlamaları tavada bırakarak tavuğu tavadan çıkarın.
g) Crockpot'taki tatlı patateslerin üzerine tavuğu, parçaları hafifçe üst üste gelecek şekilde tek bir tabaka halinde yerleştirin.
h) Tavadaki korunmuş damlacıklara et suyunu ekleyin ve yaklaşık 2 dakika kısık ateşte pişirin, döndürün ve kızartılmış parçaları tava tabanından serbest bırakmak için kazıyın.
i) Üzerine tavuk suyu karışımını dökün.

j) 4 saat kısık ateşte pişirin.

k) Pişirme sıvısını Crockpot'ta ayırın ve tavuğu ve tatlı patatesleri bir servis tabağına aktarın.

l) Pişirme sıvısındaki yağı alın ve atın, ardından orta boy bir tencereye aktarın.

m) Yüksek ateşte kaynatın.

n) Mısır nişastası ve suyu birleştirin; mısır nişastası karışımını kaynayan pişirme sıvısına ilave edin ve kısık ateşte sürekli karıştırarak koyulaşana kadar yaklaşık 1 dakika pişirin.

o) Sosu tavuk ve tatlı patateslerin yanında servis edin, Arzuya göre süsleyin.

33. Sarımsaklı Florentine Tatlı Patates

Yapar: 4 porsiyon

İÇİNDEKİLER:
- 4 tatlı patates
- 2, 10 onsluk ıspanak paketleri
- 1 yemek kaşığı zeytinyağı
- 1 arpacık soğan, kıyılmış
- 2 diş sarımsak, kıyılmış
- 6 adet güneşte kurutulmuş domates, küp doğranmış
- ¼ çay kaşığı tuz
- ¼ çay kaşığı karabiber
- ¼ çay kaşığı kırmızı biber gevreği
- ½ fincan kısmen yağsız ricotta peyniri

TALİMATLAR:
a) Fırını önceden 400 Fahrenheit dereceye ısıtarak hazırlayın.
b) Tatlı patatesleri çatalla deldikten sonra hazırlanmış bir fırın tepsisine yerleştirin.
c) Patatesler pişene kadar 45-60 dakika pişirin. Soğutma için zaman tanıyın.
d) Patatesleri bıçakla ortadan ikiye bölün ve patates etini çatalla kabartın ve kenara alın.
e) Bir tavada yağı orta ateşte ısıtın. Arpacık soğanları yumuşayana kadar 3 dakika pişirin.
f) Sarımsak aromatik olana kadar 30 saniye daha pişirin.
g) Süzülmüş ıspanakları, domatesleri, tuzu, karabiberi ve pul biberi karıştırın. 2 dakika daha pişirin.
h) Ateşten alın ve soğumaya bırakın.
i) Ricotta peynirini ıspanak karışımına ekleyin.
j) Ispanak karışımını bölünmüş tatlı patateslerin üzerine servis edin.

34. Yeşil Fasulye ve Tatlı Patatesli Risotto

Yapar: 8

İÇİNDEKİLER:
- 1 büyük tatlı patates
- 5 diş sarımsak, kıyılmış
- 2 su bardağı kısa taneli kahverengi pirinç
- 1 çay kaşığı kuru kekik yaprağı
- 7 su bardağı düşük sodyumlu sebze suyu
- 2 su bardağı yeşil fasulye, çaprazlamasına ikiye bölünmüş
- 3 yemek kaşığı tuzsuz tereyağı
- ½ fincan Parmesan peyniri

TALİMATLAR:
a) 6 litrelik yavaş bir ocakta tatlı patates, sarımsak, pirinç, kekik ve et suyunu karıştırın.
b) Örtün ve 3 ila 4 saat kısık ateşte pişirin.
c) Yeşil fasulye ile karıştırın.
d) Örtün ve 37 dakika kısık ateşte pişirin.
e) Tereyağı ve peyniri karıştırın. Örtün ve 20 dakika kısık ateşte pişirin, ardından karıştırın ve servis yapın.

35. Fırında Somon ve Tatlı Patates

Porsiyon: 4 porsiyon

İçindekiler
- 4 somon filetosu, derisi alınmış
- 4 orta boy tatlı patates, soyulmuş ve 1 inç kalınlığında kesilmiş
- 1 su bardağı brokoli çiçeği
- 4 yemek kaşığı saf bal (veya akçaağaç şurubu)
- 2 yemek kaşığı portakal marmelatı/reçeli
- 1 1-inç taze zencefil topuzu, rendelenmiş
- 1 çay kaşığı Dijon hardalı
- 1 yemek kaşığı susam, kavrulmuş
- 2 yemek kaşığı tuzsuz tereyağı, eritilmiş
- 2 çay kaşığı susam yağı
- Tatmak için biber ve tuz
- Frenk soğanı/soğan, taze doğranmış

TALİMATLAR:

a) Fırını 400F'ye ısıtın. Fırın tepsisini eritilmiş tuzsuz tereyağı ile yağlayın.

b) Dilimlenmiş tatlı patatesleri ve brokoli çiçeklerini tavaya yerleştirin. Tuz, karabiber ve bir çay kaşığı susam yağı ile hafifçe baharatlayın. Sebzelerin hafifçe susam yağı ile kaplandığından emin olun.

c) Patatesleri ve brokoliyi 10-12 dakika pişirin.

d) Sebzeler henüz fırındayken tatlı jöleyi hazırlayın. Bir karıştırma kabına bal (veya akçaağaç şurubu), portakal reçeli, rendelenmiş zencefil, susam yağı ve hardalı ekleyin.

e) Fırın tepsisini dikkatlice fırından çıkarın ve balıklara yer açmak için sebzeleri yan tarafa yayın.

f) Somonu tuz ve karabiberle hafifçe baharatlayın.

g) Somon filetolarını fırın tepsisinin ortasına yerleştirin ve tatlı kremayı somon ve sebzelerin üzerine dökün.

h) Tavayı tekrar fırına verin ve 8-10 dakika daha veya somon çatalla yumuşayana kadar pişirin.

i) Somon, tatlı patates ve brokoliyi güzel bir servis tabağına alın. Susam tohumları ve taze soğan ile süsleyin.

36. <u>Sebzeli Somon Teriyaki</u>

Porsiyon: 4 porsiyon

İçindekiler
- 4 adet somon filetosu, derisi ve kılçığı çıkarılmış
- 1 büyük tatlı patates (veya sadece patates), lokma büyüklüğünde parçalar halinde kesilmiş
- 1 büyük havuç, ısırık büyüklüğünde parçalar halinde kesilmiş
- 1 büyük beyaz soğan, dilimler halinde kesin
- 3 büyük biber (yeşil, kırmızı ve sarı), doğranmış
- 2 su bardağı brokoli çiçeği (kuşkonmaz ile değiştirilebilir)
- 2 yemek kaşığı sızma zeytinyağı
- Tatmak için biber ve tuz
- Frenk soğanı, ince kıyılmış
- Teriyaki sosu
- 1 su bardağı su
- 3 yemek kaşığı soya sosu
- 1 yemek kaşığı sarımsak, kıyılmış
- 3 yemek kaşığı esmer şeker
- 2 yemek kaşığı saf bal
- 2 yemek kaşığı mısır nişastası (3 yemek kaşığı suda eritilmiş)
- ½ yemek kaşığı kavrulmuş susam

TALİMATLAR:

a) Küçük bir tavada soya sosu, zencefil, sarımsak, şeker, bal ve suyu kısık ateşte çırpın. Karışım yavaş yavaş kaynayana kadar sürekli karıştırın. Mısır nişastalı suyu ilave edin ve karışım koyulaşana kadar bekleyin. Susam tohumlarını ekleyin ve bir kenara koyun.

b) Büyük bir fırın tepsisini tuzsuz tereyağı veya pişirme spreyi ile yağlayın. Fırını 400F'ye ısıtın.

c) Büyük bir kaseye tüm sebzeleri boşaltın ve üzerine zeytinyağı gezdirin. Sebzeler yağ ile iyice kaplanana kadar iyice karıştırın. Taze çekilmiş karabiber ve biraz tuzla tatlandırın. Sebzeleri fırın tepsisine aktarın. Sebzeleri yanlara doğru dağıtın ve fırın tepsisinin ortasında biraz boşluk bırakın.

d) Somonu fırın tepsisinin ortasına yerleştirin. Teriyaki sosunun 2/3'ünü sebzelere ve somona dökün.

e) Somonu 15-20 dakika pişirin.

f) Pişen somonu ve kavrulmuş sebzeleri güzel bir servis tabağına alın. Kalan teriyaki sosu dökün ve doğranmış taze soğan ile süsleyin.

37. Tatlı patates ve fasulye ile somon

Bu yemek, özellikle akşam için hızlı, çok iyi ve basit.

İçindekiler:
- iki kişi için
- 2 somon köftesi
- 1 büyük tatlı patates (çok büyük)
- 200 gr yeşil fasulye
- Limon suyu dereotu (bunlar romantik bitkilerdir, somonun yanına iyi gider ama somonu pişirmek için 2 yemek kaşığı zeytinyağı farketmezse)
- Tereyağı (1 yemek kaşığı)
- Tatlı patates pişirmek için 5 cl sıvı yağ (herhangi bir)
- tuz, karabiber

Hazırlık:
a) Fasulyelerin yenmeyen uçlarını çıkararak başlayın ve yaklaşık 3 cm uzunluğunda parçalar halinde kesin. Daha sonra 10 dakika buharda pişirin. Daha sonra bir tavaya zeytinyağını koyun ama isteğe bağlı olabilir. Ben bu durum için yaptım ama buharlı pişirme yeterli. fasulyeleri rezerve et

b) Daha sonra zeytinyağını bir tavaya alın. Somon bifteği ekleyin. Ve birkaç dakika pişirin. Her iki taraf da renkli olmalıdır. Her yüzü tuzlayın. Rezerve edin ve dereotu serpin.

c) Tatlı patatesi soyun. Ve kalın dilimler halinde kesin. Sonra her diski ikiye bölün (yarım daire).

d) Yağı ısıt. Tatlı patates parçalarını orta ateşte pişirin. Her iki tarafı da pişirilmeli ve renklendirilmelidir. Çıkarın ve tuzlayın.

e) İçeride eriyen kızarmış tatlı patates ve tereyağında fasulye ile somon balığının tadını çıkarın.

f) Somonun üzerine limon suyu gezdirerek yiyebilirsiniz.

38. Matcha Buğulanmış Morina

Yapar: 4 porsiyon

İÇİNDEKİLER

- 2 su bardağı jülyen doğranmış soyulmuş tatlı patates
- 1 pound morina, 4 parçaya bölünmüş
- 2 çay kaşığı matcha tozu
- 4 yemek kaşığı tuzsuz tereyağı
- 8 dal taze kekik
- 4 dilim taze limon
- 1 çay kaşığı koşer tuzu

TALİMATLAR:

a) Fırını 425 derece F'ye önceden ısıtın. Her biri yaklaşık 12 x 16 inç olan 4 yaprak parşömen kağıdını ikiye bölün ve ardından bir kat yapmak için açın.

b) Her bir parşömen parçasının bir tarafına bir yığın tatlı patates şeridi yerleştirin ve her birinin üzerine bir parça morina koyun.

c) Her bir balığa 1 çay kaşığı matcha serpin, ardından her birinin üzerine 1 yemek kaşığı tereyağı, 2 dal kekik ve bir dilim limon ekleyin; tuzlu sezon.

d) Doldurmayı kapatmak için parşömen kağıdının üzerine katlayın ve hilal şeklinde bir paket oluşturmak için kenarları kıvırın.

e) Bir fırın tepsisine aktarın ve 20 dakika pişirin. Paketleri fırından çıkarın ve açmadan önce 5 ila 10 dakika dinlendirin.

39. Tatlı Patates Hatmi Güveç

Yapar: 10 Porsiyon

İÇİNDEKİLER:

- 4 ½ pound tatlı patates
- 1 su bardağı toz şeker
- ½ fincan vegan tereyağı yumuşatılmış
- ¼ fincan bitki bazlı süt
- 1 çay kaşığı vanilya özü
- ¼ çay kaşığı tuz
- 1 ¼ su bardağı mısır gevreği, ezilmiş
- ¼ su bardağı kıyılmış ceviz
- 1 yemek kaşığı esmer şeker
- 1 yemek kaşığı vegan tereyağı, eritilmiş
- 1½ su bardağı minyatür marshmallow

TALİMATLAR:

a) Fırını 425 derece Fahrenheit'e ısıtın.
b) Tatlı patatesleri 1 saat veya yumuşayana kadar kızartın.
c) Tatlı patatesleri ortadan ikiye kesin ve içlerini bir karıştırma kabına alın.
d) Elektrikli bir karıştırıcı kullanarak, püre haline getirilmiş tatlı patatesleri, toz şekeri ve aşağıdaki 5 malzemeyi pürüzsüz olana kadar çırpın.
e) Patates karışımını yağlanmış 11 x 7 inçlik bir pişirme kabına koyun.
f) Bir karıştırma kabında, mısır gevreğini ve sonraki üç malzemeyi birleştirin.
g) Çanağın üzerine 2 inç aralıklarla çapraz sıralar halinde serpin.
h) 30 dakika pişirin.
i) Mısır gevreği sıralarının arasına marshmallow serpin; 10 dakika pişirin.

40. sebzeli soğuk kızarmış ördek

Yapar: 4 Porsiyon

İÇİNDEKİLER:
- 1 su bardağı tatlı patates
- 1 su bardağı havuç
- 1 bardak Salatalık
- 1 su bardağı beyaz Çin şalgamı
- 1 adet yeşil biber
- 1 su bardağı Çin lahanası (en fazla)
- 1 su bardağı Şeker
- 1 su bardağı Sirke
- 1 yemek kaşığı Kediotu
- 1 yemek kaşığı Yağ
- ½ çay kaşığı Tuz
- ½ çay kaşığı Acı sos
- 3 damla Susam yağı; Az çok
- 1 tutam Tarçın
- 1 çizgi Biber
- 1 baş marul (en fazla)
- 2 pound Kızarmış ördek

TALİMATLAR:

a) Tatlı patatesleri, havuçları, salatalığı ve beyaz Çin şalgamını soyup rendeleyin. Yeşil biber ve Çin lahanasını parçalayın.

b) Şeker, sirke, ketçap, yağ, tuz, acı sos, susam yağı, tarçın ve karabiberi karıştırın. Kıyılmış sebzelere ekleyin ve iyice atın. Buzdolabında, üstü kapalı, 24 saat.

c) Sebzeleri tekrar atın ve 24 saat daha buzdolabında, üzerini kapatın. Drenaj, turşusu atmak.

d) Marulu rendeleyip servis tabağına alın. Süzülmüş sebzelerle doldurun.

e) Kemik ve parçalanmış kızarmış ördek. Sebzelerin üzerine dizin ve servis yapın.

41. Buffalo Tempeh Hasat Kaseleri

Yapar: 2

İÇİNDEKİLER:
- 8 ons tempeh
- 1 ons akçaağaç şurubu
- 1,5 ons acı sos
- 1 çay kaşığı Dijon hardalı
- 3 diş sarımsak
- 4 ons karışık yeşillik
- 1 tatlı patates
- 4 yemek kaşığı sebze suyu, bölünmüş
- 2 çay kaşığı sebze suyu
- 1 orta boy elma
- 1/2 ons kırmızı şarap sirkesi
- 1/4 su bardağı soya içermeyen vejenez
- 1/3 su bardağı ceviz
- Tuz ve biber

TALİMATLAR:
a) Fırını 400 ° F'ye önceden ısıtın.
b) Buffalo sosu hazırlamak için orta boy bir kapta acı sos ve 1 çorba kaşığı sebze suyunu çırpın.
c) Tempeh'i 1/4-inç kalınlığında şeritler halinde dilimleyin ve kaplamak için Buffalo sosuyla atın.
d) Sarımsak dişlerini çıkarın ve tatlı patatesi uzunlamasına yarıya, ardından 4-5 dilime bölün.
e) Folyo veya parşömen kağıdı kullanarak bir fırın tepsisini hizalayın. Tempeyi kaseden çıkarın, fazla sosu çıkarmak için hafifçe sallayın ve parşömen kağıdı ile kaplı bir fırın tepsisine yerleştirin.
f) Sarımsak dişlerini, tatlı patates dilimlerini ve 1 çay kaşığı sebze suyunu fırın tepsisinin diğer tarafına atın.
g) Fırın tepsisindeki her şeyin üzerine tuz ve karabiber serpin.

h) En az 22 ila 24 dakika veya Buffalo tempeh çıtır çıtır olana ve tatlı patatesler yumuşayana kadar pişirin.

i) Kavrulmuş sarımsak sosu için tüm malzemeleri bir karıştırma kabında karıştırın ve birleştirin.

j) Küçük bir kapta kavrulmuş sarımsak dişlerini ezin. Kavrulmuş sarımsak sosu yapmak için kalan kırmızı şarap sirkesi, Vegenaise, Dijon hardalı ve bir tutam tuz ve karabiberi çırpın.

k) Birleştirmek için elma salatasını Buffalo tempeh ve karışık yeşilliklerle atın. Üzerine kavrulmuş tatlı patates dilimleri ve şekerlenmiş ceviz ekleyin. Kavrulmuş sarımsak sosu ile gezdirin.

ÇORBALAR VE KÖRİLER

42. **Güveçte tavuk çorbası**

Yapar: 8

İÇİNDEKİLER
- 2 yemek kaşığı kıyılmış kişniş
- 3 kilo kızarmış tavuk
- ½ çay kaşığı tarhun, kıyılmış
- 2 su bardağı doğranmış domates
- 1 su bardağı mısır taneleri
- ½ su bardağı doğranmış yeşil soğan
- 1 çay kaşığı fesleğen, kıyılmış
- ½ su bardağı kabuklu bezelye
- 6 su bardağı yağı alınmış tavuk suyu
- ½ su bardağı doğranmış tatlı patates
- ½ su bardağı kuru şeri

TALİMATLAR:

a) Tavuk parçalarını şeri içinde yaklaşık 10 dakika bir tencerede pişirin ve ardından domates, mısır, yeşil soğan ve tatlı patatesleri ekleyin.

b) Bezelye, taze soğan, fesleğen, tarhun ve acı biberi ekledikten sonra 5 dakika pişirin.

c) Tavuk parçalarını, suyu ve et suyunu ekleyin ve bir güveç kabına aktarın.

d) 1 saat kısık ateşte pişirin.

43. Tay Hindistan Cevizi-Köri Pisi Balığı

Yapar: 6

İÇİNDEKİLER:
- 2 yemek kaşığı kanola yağı
- 1 su bardağı pişmemiş kahverengi yasemin pirinci
- 1 su bardağı konserve hafif hindistan cevizi sütü
- ¼ fincan ince dilimlenmiş taze fesleğen
- 1½ bardak su
- 1 su bardağı kıyılmış yeşil dolmalık biber
- 2 yemek kaşığı kıyılmış sarımsak
- 2½ yemek kaşığı Tay kırmızı köri ezmesi
- 1½ pound derisiz pisi balığı filetosu
- 2 tatlı patates, soyulmuş ve küp şeklinde doğranmış
- 14½ ons konserve doğranmış domates, süzülmemiş
- ¼ çay kaşığı koşer tuzu

TALİMATLAR:

a) Mikrodalgaya uygun bir kapta, tatlı patatesleri 5 ila 6 dakika YÜKSEK olarak mikrodalgaya koyun, 3 dakika sonra karıştırmayı bırakın.

b) 6 litrelik bir Crockpot'ta pirinci yağla serpin ve eşit şekilde kaplamak için karıştırın.

c) Domates, su, dolmalık biber, sarımsak ve tatlı patatesleri karıştırın.

d) 3 saat YÜKSEK'te üstü kapalı olarak pişirin.

e) Hindistan cevizi sütü ve köri ezmesini yavaşça pirinç karışımına ekleyin.

f) 15 dakika YÜKSEK'te veya sıvı çoğunlukla emilene kadar üstü kapalı olarak pişirin.

g) Balıkları pirinç karışımının üzerine koyun ve tuzlayın.

h) 20 dakika YÜKSEK'te veya somon bir çatalla kolayca pul pul dökülene kadar üstü kapalı olarak pişirin.

i) Balıkları pirinç karışımıyla servis edin ve eşit şekilde fesleğen serpin.

44. Crockpot havuç zencefil çorbası

Yapar: 6

İÇİNDEKİLER
- Tutam Kosher tuzu ve öğütülmüş karabiber
- 3 diş sarımsak
- ¼ bardak nane yaprağı
- 1 çay kaşığı füme kırmızı biber
- ⅓ fincan ağır krema
- 1 tatlı soğan, doğranmış
- 2 pound havuç, soyulmuş ve doğranmış
- ⅓ su bardağı kişniş yaprağı
- 2 defne yaprağı
- 2 yemek kaşığı limon suyu
- 1 tatlı patates, soyulmuş ve doğranmış
- 6 su bardağı sebze suyu
- 1 parça zencefil, soyulmuş ve dilimlenmiş
- ¼ çay kaşığı füme kırmızı biber

TALİMATLAR:
a) Bir Crockpot kullanarak havuç, tatlı patates, soğan, sarımsak, zencefil, kırmızı biber, defne yaprağı ve et suyunu karıştırın. Tuz ve karabiber serpin.

b) 1 saat kısık ateşte pişirin.

c) Limon suyu, nane ve kişniş ekleyin.

d) Defne yapraklarını çıkarın ve ardından bir blender kullanarak püre haline getirin.

e) Bir parça krema ile servis yapın.

45. bulyon çorbası

Yapar: 6 Porsiyon

İÇİNDEKİLER

- 2 pound dana incik, durulanmış ve kurumaya bırakılmış
- İsteğe bağlı 4 yumuşak mavi yengeç
- 2 yemek kaşığı taze limon suyu
- ½ çay kaşığı öğütülmüş karabiber
- 1 yemek kaşığı tuz
- 2 yemek kaşığı kıyılmış maydanoz
- 2 taze soğan ince kıyılmış
- 1 dal kekik
- 3 yemek kaşığı ince kıyılmış sarımsak
- 2 ¼ su bardağı çok amaçlı un
- 1 su bardağı su
- 1 çay kaşığı tuz
- 1 çay kaşığı öğütülmüş karabiber
- ¼ çay kaşığı tatlı kırmızı biber
- 2 yemek kaşığı zeytinyağı
- 1 beyaz soğan doğranmış
- 1 adet doğranmış yeşil biber
- 2 domates doğranmış
- 2 malanga veya Yautia. soyulmuş ve küp şeklinde
- Soyulmuş ve dilimlenmiş 1 yeşil muz
- İyi paketlenmiş 4 su bardağı ıspanak
- Soyulmuş ve küp şeklinde doğranmış 1 chayote
- 2 havuç soyulmuş ve dilimler halinde kesilmiş
- 2 yaban havucu soyulmuş ve dilimler halinde kesilmiş
- 2 adet soyulmuş ve küp şeklinde doğranmış patates
- Soyulmuş ve küp şeklinde doğranmış 2 orta boy beyaz tatlı patates
- 2 yemek kaşığı et bulyon tozu
- Tatmak için sarımsak tozunu sıkın

- Tatmak için tuz serpin
- Tatmak için biberi sıkın
- ½ acı biber veya ¼ çay kaşığı acı sos

TALİMATLAR

a) Eti bir gece önceden limon suyu, maydanoz, tuz, karabiber, sarımsak, yeşil soğan ve kekik ile bir kapta marine edin.
b) Eti çıkarın ve kaynatın, yavaş yavaş su ekleyin.
c) Un, su, tuz, karabiber ve tatlı kırmızı biberi bir kapta karıştırın.
d) Kaşıkla veya elinizle köfte şekli verin. Kenara koyun.
e) Mavi yengeç kullanıyorsanız, onları temizleyin, kabuğunu çıkarın ve ortadan ikiye bölün.
f) Yağı, soğanları ve yeşil biberleri mavi yengeçlerle birlikte büyük bir tencereye koyun ve orta ateşte iki ila üç dakika ısıtın.
g) Yaban havucu, havuç, domates, ıspanak ve chayote ekleyin. 4 ila 5 dakika pişirin.
h) 8 su bardağı su ekleyip kapağını kapatın ve kaynamaya bırakın.
i) Sebzelerin 7 ila 8 dakika kaynamasına izin verin.
j) Et ve köfte dahil diğer malzemeleri ekleyin.
k) Gevşek bir şekilde örtün ve 25 ila 30 dakika veya köfte dahil tüm malzemeler iyice pişene kadar kaynamaya bırakın.
l) Sıcak servis yapın.

46. Tatlı Patates ve Nohut ile Körili Mercimek

İÇİNDEKİLER:

- ¼ bardak hindistan cevizi yağı
- 1 büyük kırmızı soğan, doğranmış
- tatmak için tuz
- 2 yemek kaşığı toz köri
- 2 çay kaşığı toz kimyon
- 2 çay kaşığı hardal tohumu
- 1 çay kaşığı öğütülmüş kişniş
- 8 ons kahverengi mercimek
- 3 orta boy tatlı patates
- 4 su bardağı Tavuk Kemik Suyu (2 karton)
- 1 (28 oz) ateşte kavrulmuş doğranmış domates konservesi
- 1 (28 ons) konserve nohut, süzülmüş
- Süslemek için taze kıyılmış maydanoz

TALİMATLAR:

a) Hindistan cevizi yağını orta ateşte büyük bir tencerede yaklaşık 1 dakika ısıtın.

b) Soğan ve bir tutam tuz ekleyin. Soğanlar yarı saydam olana kadar soteleyin.

c) Köri tozu, kimyon, hardal tohumu ve kişniş ekleyin ve sık sık karıştırarak 1 dakika pişirin.

d) Mercimek, tatlı patates, et suyu ve domatesleri karıştırın. Bir kaynamaya getirin ve 25 dakika, üzeri kapalı olarak veya mercimek ve tatlı patatesler yumuşayana kadar kaynamaya bırakın.

e) Nohutları ilave edin ve tamamen ısınana kadar yaklaşık 2 dakika pişirin.

f) Tabaklayın ve kıyılmış maydanozla süsleyin. Eğlence!

47. Meksika Dana Eti ve Tatlı Patates Suyu Çorbası

İÇİNDEKİLER:

- 1 yemek kaşığı rafine avokado yağı veya zeytinyağı
- 1 kiloluk yağsız güveç sığır eti
- 1 çay kaşığı koşer tuzu
- 1 bardak doğranmış soğan
- 1 çay kaşığı kıyılmış sarımsak
- 1 su bardağı kıyılmış tatlı dolmalık biber
- 2 su bardağı tatlı patates, soyulmuş ve doğranmış
- 1 çay kaşığı pul biber
- 1 çay kaşığı kurutulmuş kekik
- 1 çay kaşığı öğütülmüş kimyon
- 14 ons kırmızı salsa
- tavuk suyu, 2 su bardağı
- 2 çay kaşığı limon suyu
- ⅓ su bardağı kıyılmış kişniş
- tatmak için koşer tuzu
- tatmak için öğütülmüş karabiber

TALİMATLAR:

a) Büyük bir dökme demir tavayı yüksek ateşte ısıtın.

b) Haşlanmış sığır eti ekleyin ve tuz serpin. Sığır eti kızarana kadar 5 dakika karıştırın. Oluklu bir kaşıkla eti çıkarın ve bir tabağa aktarın. Kenara koyun.

c) Soğanı, sarımsağı ve dolmalık biberi tavaya orta-yüksek ateşte koyun ve soğan ve sarımsak kokulu olana ve biberler yumuşayana veya yaklaşık 5 dakika kadar ara sıra karıştırarak.

d) Tatlı patates, biber tozu, kekik, kimyon, et suyu ve salsayı ekleyin. İyice karıştırın. kaynatın. Ardından, örtün ve 30 dakika veya tatlı patatesler yumuşayana kadar pişirin.

e) Limon suyu, kişniş, tuz ve karabiberle karıştırın. Yaklaşık 4 dakika kısık ateşte ısınmasına izin verin.

f) Et Suyu Çorbasını, 1 inçlik boşluk bırakarak, pint veya quart olarak hazırlanmış kavanozlara koyun.

g) 2 parçalı konserve kapaklarını parmakla sıkın.

h) Kavanozları önceden ısıtılmış basınçlı tenekenizde 40 dakika işleyin.

i) İşleme süresi: tamamlandığında, ısıyı kapatın ve konserve kutusunun doğal olarak oda sıcaklığına gelmesine izin verin.

j) Soğuyunca kavanozları kutudan çıkarın ve contaları kontrol edin.

48. Tatlı patates ve Tekila çorbası

Yapar: 4 Porsiyon

İÇİNDEKİLER:
- 3 orta boy tatlı patates
- 4 yemek kaşığı Tekila
- ¼ bardak Tuzsuz tereyağı; oda ısısı.
- Tatmak için taze rendelenmiş hindistan cevizi
- ½ çay kaşığı Tuz
- tatmak için taze öğütülmüş beyaz biber

TALİMATLAR:
a) Soyulmamış tatlı patatesleri soyun, büyük parçalar halinde kesin ve hafif tuzlu kaynar suda yumuşayana kadar pişirin. Ardından suyu boşaltın, tavayı kapatın ve patateslerin yaklaşık 5 dakika 'kabarmasını' bekleyin.

b) Patatesleri hızlıca soyun, 2 yemek kaşığı tekila, tereyağı ve muskat ekleyin. Bir elektrikli karıştırıcı ile çırpın veya pürüzsüz olana kadar bir mutfak robotunda işleyin.

c) İsterseniz tuz, beyaz biber ve 2 yemek kaşığı tekila tadın ve ekleyin. Sıcak servis yapın. 4 ila 6 porsiyon yapar.

49. Jamaika'dan Kırmızı Fasulye Yahnisi

Yapar: 4 porsiyon

İÇİNDEKİLER
- 1 sarı soğan, doğranmış
- 2 havuç, dilimler halinde kesilmiş
- ½ su bardağı su
- 13,5 onsluk hindistan cevizi sütü konservesi
- 2 diş sarımsak, kıyılmış
- ¼ çay kaşığı karabiber
- 1 tatlı patates, soyulmuş ve doğranmış
- 3 bardak pişmiş koyu kırmızı barbunya fasulyesi, süzülmüş ve durulanmış
- 1 yemek kaşığı zeytinyağı
- 1 çay kaşığı sıcak veya hafif köri tozu
- 1 çay kaşığı kuru kekik
- ¼ çay kaşığı öğütülmüş yenibahar
- ½ çay kaşığı Düşük Sodyum Tuzu
- 14,5 ons kutu doğranmış domates, süzülmüş

TALİMATLAR
a) Yağı bir tencerede ısıtın ve soğan ve havuçları yaklaşık 4 dakika pişirin.
b) Sarımsak, tatlı patates ve kırmızı biberi, ardından barbunya, domates, köri tozu, kekik, yenibahar, tuz ve karabiberi ekleyin.
c) Suyu ilave edin ve kapağı kapalı olarak 30 dakika pişirin.
d) En son Hindistan cevizi sütünü ekleyin.

50. Tavuk çorbası

Hazırlama Süresi: 25 dakika
Pişirme Süresi: 1 saat 15 dakika
Yapar: 6 porsiyon

İÇİNDEKİLER
- 1½ -2 pound tavuk, parçalar halinde kesilmiş
- 10 su bardağı su 2 ½ litre
- 1 pound balkabağı, doğranmış 1 Balkabagi kullanabilir
- 2 patates İrlandalı veya tatlı patates, doğranmış
- 1 Chocho doğranmış
- 2 havuç doğranmış
- 2 taze soğan kıyılmış
- 6 dal kekik
- İskoç bone
- 8 yenibahar

BÖREK VE BÖREKLER İÇİN
- 2 su bardağı glutensiz un 260 gr
- ½ su bardağı su
- ½ çay kaşığı pembe tuz

TALİMATLAR

a) Bir tencereye su kaynatın.

b) Tavuğu, balkabağının veya balkabağının yarısını ve yenibahar meyvelerini ekleyin.

c) Karışımı kapağı kapalı olarak 30 dakika veya tavuk pişene ve kabak veya kabak yumuşayana kadar kaynatın.

d) Balkabağını veya kabağı ezmek için bir çatal kullanın.

e) Köftelerinizi yapmak için un ve pembe tuzu orta boy bir kapta birleştirin ve ardından yavaş yavaş suyu ekleyin.

f) Bir hamur topu oluşturmak için su ve unu birleştirin.

g) Hamurdan küçük bir parça alıp avucunuzun içinde yuvarlayın.

h) Tipik olarak oluşan köfte oluşturmak için hamur topunu diskler halinde şekillendirin.

i) Yavaşça her bir döndürücüyü ve hamur tatlısını kaynayan et suyuna yerleştirin.

j) Kalan kabak veya kabak, yeşil soğan, Chocho, patates, havuç, kekik, ev yapımı horoz çorbası karışımı ve viski kaputunu ekleyin.

k) Tencerenin kapağını kapatın ve çorbayı 45 dakika veya koyulaşana kadar kaynamaya bırakın.

51. Mısır çorbası

Hazırlama Süresi: 10 dakika
Pişirme Süresi: 1 saat 35 dakika
Yapar: 6 Porsiyon

İÇİNDEKİLER:

- 1½ pound Tuzlu Pigtailler parçalar halinde kesilir ve kaynatılır
- 1 ¼ su bardağı Sarı Bezelye, yıkanmış
- 5 ¼ bardak Su
- 4 diş Sarımsak, ezilmiş
- 2 yemek kaşığı Hindistan Cevizi Yağı
- 6 dal taze kekik
- 1 Soğan, doğranmış
- 2 sap Kereviz, doğranmış
- ¼ fincan Kıyılmış Taze Maydanoz
- 3 Taze soğan, doğranmış
- 3 Pimiento Biber, doğranmış
- 2 Adet Kırmızı Kuş Gözü Acı Biber
- 3 yemek kaşığı Doğranmış Kişniş Yaprağı
- ¼ çay kaşığı Taze Öğütülmüş Karabiber
- 2 su bardağı Doğranmış Kabak
- 2 su bardağı Doğranmış Tatlı Patates
- 2 su bardağı Tavuk Suyu
- 1½ su bardağı Hindistan Cevizi Sütü
- 2 Havuç, doğranmış
- 4 Parçalara ayrılmış mısır
- 1 kutu Kremalı Mısır
- 1 su bardağı Dondurulmuş Mısır
- 1 fincan çok amaçlı un
- 1 tutam Tuz

TALİMATLAR:

a) Haşlanmış örgüleri Sarı Bezelye ve Sarımsak ile birleştirin ve kaynatın.

b) 35-40 dakika veya bezelye yumuşayana kadar pişirin.

c) Hindistan Cevizi Yağını orta ateşte ısıtın, ardından Soğan, Taze Soğan, Taze Kekik, Yenibahar Biberleri, Kişniş Yaprakları, Taze Maydanoz, Kırmızı Kuş Gözü Acı Biber, Kereviz ve Taze Öğütülmüş Karabiber ekleyin. Yaklaşık 4-5 dakika pişirin.

d) Tatlı Patates, Kabak ve Havuç ekleyin ve iyice karıştırın. Ardından Tavuk Suyunu ekleyin ve yaklaşık 25 dakika kaynatın.

e) Bezelyeyi/at kuyruğunu çorba tenceresine ekleyin ve iyice karıştırın.

f) Hindistan Cevizi Sütü, Dondurulmuş Mısır ve Kremalı Mısır ekleyin.

g) 20 dakika daha kaynatın.

h) Su, Çok Amaçlı Un ve Tuzu bir kaba koyun ve yumuşak bir hamur elde edinceye kadar yoğurun. Hamuru yaklaşık 5 dakika dinlendirin.

i) 3 küçük topa bölün ve kalın bir saman silindiri oluşturmak için her bir parçayı yuvarlayın.

j) Lokma büyüklüğünde doğrayın ve kaynayan çorbaya ekleyin.

k) Kesilmiş Mısır parçalarını ekleyin ve yaklaşık 5 dakika pişirin.

52. somon sebze çorbası

Porsiyon: 4 porsiyon

İÇİNDEKİLER:

- 2 somon filetosu, derisi alınmış ve ısırık büyüklüğünde parçalar halinde kesilmiş
- 1 ½ bardak beyaz soğan, ince kıyılmış
- 1 ½ bardak tatlı patates, soyulmuş ve doğranmış
- 1 su bardağı brokoli çiçeği, küçük parçalar halinde kesilmiş
- 3 su bardağı tavuk suyu
- 2 su bardağı tam yağlı süt
- 2 yemek kaşığı çok amaçlı un
- 1 çay kaşığı kuru kekik
- 3 yemek kaşığı tuzsuz tereyağı
- 1 defne yaprağı
- Tatmak için biber ve tuz
- Düz maydanoz, ince kıyılmış

TALİMATLAR:

a) Doğranmış soğanı tuzsuz tereyağında şeffaflaşana kadar kavurun. Unu karıştırın ve tereyağı ve soğan ile iyice karıştırın. Tavuk suyu ve sütü ekleyin, ardından küp küp tatlı patates, defne yaprağı ve kekiği ekleyin.

b) Karışımı ara sıra karıştırarak 5-10 dakika kaynamaya bırakın.

c) Somon ve brokoli çiçeklerini ekleyin. Ardından 5-8 dakika pişirin.

d) Tuz ve karabiber ekleyin ve gerektiğinde tadı ayarlayın.

e) Küçük ayrı kaselere aktarın ve kıyılmış maydanozla süsleyin.

53. Öğütülmüş bizon ve sebze yahnisi

Porsiyon: 5-6

İçindekiler
- 1 lb yer bizonu
- 1-2 yemek kaşığı avokado yağı
- 3 büyük havuç (2 su bardağı), doğranmış
- 3 kereviz sapı (1 su bardağı), dilimlenmiş
- 2 büyük beyaz tatlı patates (2 su bardağı), doğranmış
- 1/2 çay kaşığı tuz
- 2 çay kaşığı zerdeçal
- 3 su bardağı tavuk suyu
- 1 1/2 su bardağı Balkabagi, püre
- 3 su bardağı lahana, kıyılmış
- Taze maydanoz, üzeri (isteğe bağlı)

Talimatlar
a) Büyük bir tavayı orta ateşte ısıtın ve öğütülmüş bizonu parçalara ayırarak ekleyin. Et piştikten sonra tavadan alın ve bir kenara koyun.
b) Avokado yağını büyük bir tencerede orta ateşte ısıtın. Sıcakken doğranmış havuç ve kerevizi ekleyin. Yaklaşık 8 dakika soteleyin.
c) Beyaz tatlı patatesleri, tuzu ve zerdeçal ekleyin ve malzemeleri birleştirin. Malzemeleri orta ateşte 10 dakika daha veya sebzeler biraz yumuşayana kadar periyodik olarak karıştırarak pişirmeye devam edin.
d) Et suyu, püre haline getirilmiş Balkabagi, lahana ve bizonu ekleyin. Tüm malzemeleri birlikte karıştırın ve düşük-orta ateşe ayarlayın, yahni yaklaşık 30 dakika kaynamaya bırakın.
e) Güveç hazır olduğunda, sıcak olarak servis yapın ve istenirse üzerine taze maydanoz ekleyin.

54. Hindistan Cevizi Dana Köri

SERVİS: 4

İÇİNDEKİLER:
- 1 ½ lbs. sığır eti, parçalar halinde kesilmiş
- ½ fincan fesleğen, dilimlenmiş
- 2 yemek kaşığı esmer şeker
- 2 yemek kaşığı balık sosu
- ¼ bardak tavuk suyu
- ¾ bardak hindistan cevizi sütü
- 2 yemek kaşığı köri ezmesi
- 1 soğan, dilimlenmiş
- 1 dolmalık biber, dilimlenmiş
- 1 tatlı patates

TALİMATLAR:
a) Hazır tencerede fesleğen hariç tüm malzemeleri birleştirin ve iyice karıştırın.

b) Tencerenin kapağını kapattıktan sonra 15 dakika yüksek ateşte pişirin.

c) Kapağı açmadan önce basıncın doğal olarak serbest kalmasına izin verin.

d) Fesleğen ekleyin ve iyice karıştırın.

e) Sert.

55. Tatlı patates ve kabak çorbası

4 ila 6 porsiyon yapar

İÇİNDEKİLER:
- 1 küçük balkabağı (yaklaşık 2 pound)
- 1 çay kaşığı sızma zeytinyağı
- 5 su bardağı sebze suyu, [ev yapımı](#) veya mağazadan satın alınmış
- 1 (2 inç) çubuk tarçın
- ½ çay kaşığı kaba deniz tuzu
- 2 tatlı patates (toplam yaklaşık 1½ pound), soyulmuş ve 1 inçlik parçalar halinde kesilmiş
- 1 fincan [kremalı kaju fıstığı](#)
- taze çekilmiş beyaz biber

TALİMATLAR:

a) Fırını 275 ° F'ye önceden ısıtın. Küçük, kenarlı bir fırın tepsisini parşömen kağıdı ile kaplayın.

b) Kabakların üstünü kesin ve tohumları çıkarın. (Tohumların üzerinde biraz kabak kalıntısı varsa sorun değil.) Tohumları küçük bir kaseye koyun, üzerine yağ gezdirin ve eşit şekilde kaplanana kadar karıştırın.

c) Tohumları tek bir tabaka halinde fırın tepsisine yayın ve eşit şekilde pişmesi için her 5 dakikada bir karıştırarak hafifçe kızarana kadar yaklaşık 15 dakika pişirin. Kenara koyun.

d) Bu arada, balkabağını soyun ve 1 inçlik parçalar halinde kesin. Et suyunu, tarçın çubuğunu ve tuzu büyük bir tencereye orta ateşte koyun ve kaynamaya bırakın. 5 dakika pişirin, ardından kabak ve tatlı patatesleri ekleyin. Isıyı yükseğe yükseltin ve kaynatın.

e) Isıyı hemen orta-düşük seviyeye düşürün, örtün ve ara sıra karıştırarak sebzeler çatal yumuşayana kadar yaklaşık 35 dakika pişirin. Kaju kremasını karıştırın.

f) Standart bir blender kullanarak ve partiler halinde çalışarak veya bir daldırma blender kullanarak çorbayı pürüzsüz olana kadar karıştırın. Çorbayı tekrar tencereye alın ve orta-kısık ateşte ara sıra karıştırarak, iyice ısınana kadar pişirin.

g) Gerekirse çorbanın kaşıktan kolayca akması için su ile inceltin. Tatmak için tuz ve karabiber ekleyin. Kızarmış kabak çekirdeği ile süsleyerek servis yapın.

56. Tay Tatlı Patates Köri

Yapar: 4-5

İÇİNDEKİLER:
- Yağ: 1 yemek kaşığı
- Arpacık: 2, ince dilimlenmiş
- Tatlı patates: 2 (soyulmuş ve küp şeklinde)
- Taze bebek ıspanak: 3-4 su bardağı
- Köri ezmesi: 2-3 yemek kaşığı
- Normal hindistan cevizi sütü: 1 (14 ons)
- Et suyu veya su: ½- 1 su bardağı
- Fıstık ve kişniş: ½ su bardağı (doğranmış)
- Soya sosu: tatmak

TALİMATLAR:
a) Sarımsak, arpacık ve zencefil kavrulmuş olmalıdır.
b) Bir mutfak robotunda, tüm malzemeleri ve bazı baharatları, limon otu ezmesini ve kişnişi karıştırın.
c) Yağı orta-yüksek bir sıcaklığa ısıtın.
d) Arpacık ve tatlı patatesleri yağda kaplamak için karıştırın.
e) Köri ezmesini iyice karışana kadar karıştırın.
f) Tamamen solana kadar ıspanağı ekleyin.
g) Fıstık / kişniş karışımı ekleyin, birazını süslemek için ayırın.
h) Soya sosu ekleyin.
i) Pirincin üzerine kalan yer fıstığı / kişniş ile servis yapın.

57. Tay Körili Güveç

Yapar: 8-10

İÇİNDEKİLER:
GÜVENLİK SUYU İÇİN MALZEMELER:
- Zeytinyağı: 1 yemek kaşığı
- Sarımsak karanfil: 5, kıyılmış
- Taze zencefil: 1 inç (kalın dilimler halinde kesilmiş)
- Mutfak temelleri sebze suyu: 8 su bardağı
- Hindistan cevizi sütü: 3 kutu (15 ons)
- Thai Kitchen kırmızı köri ezmesi: 4-6 yemek kaşığı (tatmak için)

HOT PENCERE AYIRICILARI VE SOSU İÇİN MALZEMELER:
- Çıtır tofu
- Erişte / pirinç
- Dilimlenmiş dolmalık biber, tatlı patates, brokoli, havuç, soğan, bezelye, karnabahar, kabak, mantar Yeşillikler
- Lahana, baby bok choy, lahana, ıspanak veya karalahana
- Taze bitkiler
- taze acı biber
- Kızarmış hindistan cevizi gevreği
- Kireç takozlar
- Yeşil soğan: ince dilimlenmiş

TALİMATLAR:

a) Büyük bir tencerede zeytinyağını ısıtın.

b) Sarımsak ve zencefili ekleyip pişirin.

c) Her şey iyice birleşene kadar sebze suyunu ve hindistancevizi sütünü karıştırın.

d) Ardından 3 ila 4 yemek kaşığı köri ezmesini tamamen eriyene kadar çırpın.

e) Tadına bakın ve gerekirse daha fazla köri ezmesi ekleyin.

f) Örtün ve 5 dakika kısık ateşte pişirin. Bundan sonra zencefil dilimlerini çıkarın.

g) Servis yapmaya hazır olana kadar pişirin.

h) Arzu ettiğiniz bezeleri ekleyin, kaynatın ve süzgeç yardımıyla kaselere süzün.

i) Her servis kasesini bir kepçe dolusu et suyu ile doldurun.

j) Tercih edilen soslarla süsleyin ve sıcak servis yapın.

58. Baharatlı Tatlı Patates Kale Cannellini Çorbası

Yapar: 12

İÇİNDEKİLER:
- Parmesan peyniri (rendelenmiş) 1 su bardağı
- Giardiniera 1/2 su bardağı
- İhtiyaca göre zeytinyağı
- Ağır çırpılmış krema 1/2 su bardağı
- Taze lahana (doğranmış) 3 su bardağı
- Cannellini fasulyesi (süzülmüş ve durulanmış) 2 su bardağı
- Sebze suyu 1¾ su bardağı
- Biber 1/4 çay kaşığı
- Tuz 1/2 çay kaşığı
- Kırmızı biber gevreği (ezilmiş) 1 çay kaşığı
- Adaçayı (ovuşturdu) 1 çay kaşığı
- Granny smith elmaları, orta boy (doğranmış ve soyulmuş) 2
- Tatlı patates, orta boy (küp şeklinde) 5
- Bal 1 çay kaşığı
- Diş sarımsak (kıyılmış) 3
- Soğan, orta (ince kıyılmış) 1
- zeytinyağı 2 yemek kaşığı

TALİMATLAR:

a) 6 litrelik bir tencere alın ve içindeki yağı orta-yüksek ateşte ısıtın.

b) Soğanı ekleyin ve pişirin ve yumuşayana kadar 7 ila 8 dakika karıştırın.

c) Sarımsağı ekleyin ve 1 dakika daha pişirin. Et suyunu, baharatları, balı, elmaları ve tatlı patatesleri karıştırın.

d) Kaynatın ve ısıyı düşürün. Kaynatın ve patatesler yumuşayana kadar yarım saat üzerini kapatın.

e) Çorbayı püre haline getirmek için daldırmalı bir blender kullanın veya çorbayı hafifçe soğutun ve bir karıştırıcıda partiler halinde püre haline getirin. Tavaya geri koyun.

f) Lahana ve fasulyeyi ekleyip pişirin. Lahana yumuşayana kadar 15 dakika orta ateşte açıkta tutun. Periyodik olarak karıştırın.

g) İçine kremayı ekleyip dilediğiniz gibi soslarla servis edin.

59. Tatlı Patatesli Tavuk Güveç

Yapar: 8

İÇİNDEKİLER:

- İstediğiniz kadar esmer pirinç (sıcak ve pişmiş)
- Acı biber 1/4 çay kaşığı
- Kuru kekik (bölünmüş) 1/2 çay kaşığı
- Fıstık ezmesi (kremalı) 1/4 su bardağı
- Tavuk suyu (azaltılmış sodyum) 1 su bardağı
- Tatlı patates, büyük (soyulmuş ve 1 inçlik küpler halinde kesilmiş) 1
- 3 ½ su bardağı ezilmiş domates
- Börülce (süzülmüş ve durulanmış) 2 su bardağı
- Taze zencefil kökü (kıyılmış) 2 yemek kaşığı
- Diş sarımsak (kıyılmış) 6
- Soğan, orta (ince dilimlenmiş) 1
- Kanola yağı (bölünmüş) 3 çay kaşığı
- Biber 1/4 çay kaşığı
- Tuz 1/2 çay kaşığı
- Tavuk göğsü (derisiz, kemiksiz ve kuşbaşı) 2 su bardağı

TALİMATLAR:

a) Tavukların üzerine biraz karabiber ve tuz serpin. Tavuğu orta ateşte iki çay kaşığı yağda 5 dakika Hollandalı bir fırında tavuk artık pembeleşene kadar pişirin; Tavuğu fırından çıkarın ve bir kenara koyun.

b) Aynı tavada kalan yağda soğanı yumuşayana kadar soteleyin. Zencefili ve sarımsağı ekleyin; dakika daha pişirin.

c) Acı biber, 1¼ çay kaşığı kekik, fıstık ezmesi, et suyu, tatlı patates, domates ve bezelyeyi karıştırın.

d) Onları kaynatın ve ısıyı azaltın; üzerini kapatın ve 15-20 dakika, patatesler yumuşayıncaya kadar kaynamaya bırakın. Tavuğu ekleyin ve uygun şekilde ısıtın.

e) İstenirse, pilav ile servis yapın. Kalan kekiği kullanarak serpin.

60. Tatlı Patates Mercimek Yahnisi

Yapar: 6

İÇİNDEKİLER:
- Taze kişniş (kıyılmış) 1/4 su bardağı
- Sebze suyu 5¼ su bardağı
- Acı biber 1/4 çay kaşığı
- Zencefil, öğütülmüş 1/4 çay kaşığı
- Kimyon, öğütülmüş 1/2 çay kaşığı
- Diş sarımsak (kıyılmış) 4
- Soğan, orta (doğranmış) 1
- Havuç, orta boy (1 inçlik parçalar halinde kesilmiş) 3
- Kurutulmuş mercimek (durulanmış) 1½ su bardağı
- Tatlı patates, orta boy 2¼ bardak

TALİMATLAR:
a) 3 litrelik bir ocak (yavaş) alın ve son dokuz malzemeyi toplayın.
b) Onları pişirin ama üzerini örtmeyin.
c) Mercimek ve sebzeler yumuşayana kadar 5 ila 6 saat kısık ateşte pişirin. İçine kişnişi karıştırın.

61. Callaloo Çorbası

Hazırlama Süresi: 20 dakika
Pişirme Süresi: 1 saat
Yapar: 4 -6 porsiyon

İÇİNDEKİLER

- 6 su bardağı callaloo veya ıspanak
- 1½ su bardağı doğranmış tatlı patates
- 1½ bardak Balkabagi, doğranmış
- 1 soğan dilimlenmiş
- 4 diş kıyılmış sarımsak
- ½ yemek kaşığı kuru kekik
- ¼ bir viski bone çok fazla değil
- 1 çay kaşığı pembe Himalaya tuzu
- 1 taze soğan veya 3 adet doğranmış
- ¼ çay kaşığı karabiber
- 4-5 dilimlenmiş bamya
- 2 su bardağı sebze suyu
- 2 bardak hindistan cevizi sütü
- 2 yemek kaşığı hindistan cevizi yağı

TALİMATLAR

a) Hindistan cevizi yağını eklemeden önce ağır bir tencereyi orta ateşte önceden ısıtın.

b) Sarımsak, soğan ve yeşil soğanı bir dakika veya soğanlar yumuşayana kadar soteleyin.

c) Doğranmış butternut, tatlı patates ve bamyayı ekleyin.

d) Sebzelerin yanmasını önlemek için sürekli karıştırarak tavada iki ila üç dakika terletin.

e) Sebzeleri savururken viski bonesini, kekiği, tuzu ve karabiberi ekleyin.

f) Tavaya ıspanak veya callaloo ekleyin.

g) Hindistan cevizi sütü ve sebze suyunu ekleyin, ardından ısıyı düşük seviyeye getirin.

h) Tencerenin kapağını kapatın ve karışımın koyulaşana kadar bir saate kadar pişmesine izin verin.

i) Gerekli kalınlığa ulaşıldığında, daha çorba benzeri bir kıvam elde etmek için daldırma çubuklu blender ile vurabilirsiniz.

62. Nohutlu Tatlı Patates Yahnisi

Yapar: 4

İÇİNDEKİLER:
- 15 ons nohut, süzülmüş ve durulanmış
- 2 bardak tatlı patates, soyulmuş ve doğranmış
- 4 yemek kaşığı sebze suyu
- 15 ons ateşte kavrulmuş ezilmiş domates, 1 kutu
- 3 diş sarımsak, kıyılmış
- 1 küçük soğan, doğranmış
- 1 çay kaşığı zencefil, kıyılmış
- 3 su bardağı sebze suyu
- 5 ons taze ıspanak
- 1/4 çay kaşığı kuru kişniş
- 1/8 çay kaşığı kırmızı biber
- 1 yemek kaşığı tatlı kırmızı biber
- 1/2 çay kaşığı kimyon

TALİMATLAR:

a) Büyük bir tencerede veya fırında sebze suyunu orta ateşte ısıtın. Et suyu kaynadığında, soğanı 4-5 dakika veya yarı saydam olana kadar pişirin.

b) Sarımsak ve zencefili en az 2 ila 3 dakika karıştırın. Pişirin ve kokulu olana kadar ara sıra karıştırın, ardından tatlı kırmızı biber, kimyon, kişniş ve kırmızı biber ekleyin.

c) Nohut, tatlı patates, ezilmiş domates ve sebze suyunu bir tencerede kaynatın. Isıyı orta-düşük seviyeye düşürün ve tatlı patateslerin 15-20 dakika veya yumuşayana kadar pişmesine izin verin.

d) Ispanağı yumuşayana kadar karıştırın. Hemen servis yapın.

63. Hindistan Cevizi Körili Mercimek

Yapar: 10

İÇİNDEKİLER:

- 2 su bardağı kahverengi mercimek
- 14 ons hindistan cevizi sütü, tam yağlı olabilir
- 3 yemek kaşığı toz köri
- 2 diş sarımsak
- 1 sarı soğan
- 15 ons domates sosu
- 1 3/4 lb tatlı patates
- 3 su bardağı sebze suyu
- 2 havuç
- 15 ons küçük doğranmış domates
- 1/4 çay kaşığı öğütülmüş karanfil

HİZMET İÇİN

- 1/2 kırmızı soğan
- 1/2 demet taze kişniş
- 10 su bardağı pişmiş pirinç

TALİMATLAR:

a) Sarımsağı rendeleyin ve soğanı rendeleyin. Soyulmuş havuçları dilimleyin ve tatlı patatesi ¼ ila ½ inçlik küpler halinde doğrayın.

b) Yavaş bir ocakta sarımsak, soğan, tatlı patates, havuç, mercimek, köri tozu, karanfil, doğranmış domates, domates sosu ve sebze suyunu birleştirin. Her şeyi birlikte karıştırın.

c) Yavaş pişirici ayarını 4 saat için yüksek veya 7-8 saat için düşük olarak ayarlayın. Mercimek bittiğinde yumuşamalı ve sıvının çoğu emilmelidir.

d) Mercimekleri ve hindistancevizi sütünü bir karıştırma kabında birleştirin. Tatmak için tuzu veya diğer baharatları ayarlayın.

e) Servis için bir kaseye 1 su bardağı pişmiş pirinç, ardından 1 su bardağı mercimek karışımı koyun.

f) İnce kıyılmış kırmızı soğan ve taze kişniş ile süsleyerek servis yapın.

MAKARNA

64. Kestane ve Tatlı patates Gnocchi

Yapar: 4 Porsiyon

İÇİNDEKİLER:
GNOCCHİ
- 1 + ½ su bardağı kavrulmuş tatlı patates
- ½ su bardağı Kestane Unu
- ½ fincan tam yağlı süt ricotta
- 2 çay kaşığı koşer tuzu
- ½ su bardağı glutensiz un
- tatmak için beyaz biber
- Tatmak için füme kırmızı biber

MANTAR & KESTANE RAGU
- 1 su bardağı düğme mantar, 4'e bölünmüş
- 2-3 portobello mantarı, ince şeritler halinde dilimlenmiş
- 1 tepsi shimeji mantarı (beyaz veya kahverengi)
- ⅓ fincan kestane, doğranmış
- 2 yemek kaşığı tereyağı
- 2 arpacık soğan, ince kıyılmış
- 2 diş sarımsak, ince kıyılmış
- 1 çay kaşığı domates salçası
- Beyaz şarap (tatmak için)
- Kosher tuzu (tatmak için)
- 2 yemek kaşığı taze Adaçayı, ince kıyılmış
- tatmak için maydanoz

BİTİRMEK İÇİN
- 2 yemek kaşığı zeytinyağı
- Parmesan Peyniri (tatmak için)

TALİMATLAR:

GNOCCHİ

a) Fırını 380 dereceye ısıtın.

b) Tatlı patateslerin her yerini çatalla delin.

c) Tatlı patatesleri kenarlı bir fırın tepsisine yerleştirin ve yaklaşık 30 dakika veya yumuşayana kadar kızartın. Hafifçe soğumaya bırakın.

d) Tatlı patatesleri soyun ve bir mutfak robotuna aktarın. Pürüzsüz olana kadar püre yapın.

e) Büyük bir kapta kuru malzemeleri (kestane unu, tuz, glütensiz un, beyaz biber ve tütsülenmiş kırmızı biber) birleştirin ve bir kenarda bekletin.

f) Tatlı patates püresini büyük bir kaseye aktarın. Ricotta'yı ekleyin ve kurutulmuş karışımın ¾'ünü ekleyin. Hamuru çok unlanmış bir çalışma yüzeyine aktarın ve hamur bir araya gelene ancak yine de çok yumuşak olana kadar daha fazla unla hafifçe yoğurun.

g) Hamuru 6-8 parçaya bölün ve her parçayı 1 inç kalınlığında bir ip haline getirin.

h) Halatları 1 inç uzunluğunda kesin ve her parçayı glütensiz unla tozlayın.

i) Küçük girintiler yapmak için her bir gnocchi'yi unlanmış bir çatalın dişlerine doğru yuvarlayın.

j) Kullanmaya hazır olana kadar soğutucuda bir tepsi üzerinde tutun.

MANTAR & KESTANE RAGU

k) Sıcak bir tavada tereyağını eritin ve bir tutam tuz ekleyin.

l) Arpacık, sarımsak ve adaçayı ekleyin ve arpacık yarı saydam olana kadar 10 dakika soteleyin.

m) Tüm mantarları ekleyin ve sürekli karıştırarak yüksek ateşte soteleyin.

n) Domates salçası ve beyaz şarabı ekleyin ve mantarlar yumuşayıncaya kadar azaltın.

o) Ragu'yu taze kıyılmış maydanoz ve doğranmış kestane ile süsleyin. Kenara koyun.

BİTİRMEK İÇİN

p) Büyük bir tencereye tuzlu su kaynatın. Tatlı patates gnocchi'yi ekleyin ve yüzeye çıkana kadar yaklaşık 3-4 dakika pişirin.

q) Oluklu bir kaşık kullanarak gnocchi'yi geniş bir tabağa aktarın. Kalan gnocchi ile tekrarlayın.

r) Geniş bir sote tavasında 2 yemek kaşığı zeytinyağını eritin.

s) Gnocchi karamelleşene kadar hafifçe karıştırarak gnocchi'yi ekleyin.

t) Ragu mantarını ekleyin ve birkaç yemek kaşığı gnocchi suyundan ekleyin.

u) Yavaşça karıştırın ve Yüksek ateşte 2-3 dakika pişmesine izin verin.

v) Üzerine parmesan peyniri serperek servis yapın.

65. Pestolu ve Tatlı Patatesli Bucatini

yapar: 4 Porsiyon

İÇİNDEKİLER:

- 1 tatlı patates, soyulmuş ve küpler halinde kesilmiş
- 1 kırmızı soğan, küçük dilimler halinde kesin
- 1/3 su bardağı + 2 yemek kaşığı. zeytinyağı, eşit olarak bölünmüş
- Bir tutam tuz ve karabiber
- 4 su bardağı lahana, taze ve yırtılmış
- ½ fincan maydanoz, düz yaprak ve taze
- 2 ons parmesan peyniri, taze rendelenmiş ve servis için ekstra
- 1 diş sarımsak
- 2 çay kaşığı limon kabuğu rendesi
- 1 ½ yemek kaşığı. limon suyu, taze
- 12 ons bucatini
- Çam fıstığı, hafif kızartılmış ve servis için

TALİMATLAR:

a) Önce fırını 425 dereceye ısıtın.

b) Fırın ısınırken büyük bir fırın tepsisi kullanın ve küp küp doğranmış patatesleri, soğan dilimlerini ve iki yemek kaşığı zeytinyağını ekleyin. Karıştırmak için atın. Bir tutam tuz ve karabiberle tatlandırın.

c) 24 ila 26 dakika veya patates ve soğan dilimleri yumuşayana kadar fırında pişirin.

d) Bu süre zarfında lahanayı ve kıyılmış maydanozu bir mutfak robotuna koyun. 5 kez veya doğranana kadar nabız atın. Ardından parmesan peynirini, diş sarımsağı, taze limon kabuğu rendesini ve taze limon suyunu ekleyin. 12 kez daha nabız atın.

e) Kalan 1/3 fincan zeytinyağını karışıma yavaşça gezdirin ve nabız atmaya devam edin. Bir tutam tuz ve karabiberle tatlandırın.

f) Daha sonra makarnayı kaynayan suda yumuşayana kadar haşlayın. Haşlandıktan sonra makarnayı süzün ve kenara alın. Makarna suyunun ¼ fincanını ayırdığınızdan emin olun.

g) Pişmiş makarnayı, taze yapılmış pestoyu ve kavrulmuş sebzeleri geniş bir kaseye ekleyin. Karıştırmak için atın. Makarna suyunu dökün ve karıştırmak için tekrar atın.

h) Parmesan peyniri ve kızarmış çam fıstığı ile hemen servis yapın.

66. Kestane ve Tatlı patates Gnocchi

Yapar: 4 Porsiyon

İÇİNDEKİLER:
GNOCCHİ
- 1 + ½ su bardağı kavrulmuş tatlı patates
- ½ su bardağı Kestane Unu
- ½ fincan tam yağlı süt ricotta
- 2 çay kaşığı koşer tuzu
- ½ su bardağı glutensiz un
- tatmak için beyaz biber
- Tatmak için füme kırmızı biber

MANTAR & KESTANE RAGU
- 1 su bardağı düğme mantar, 4'e bölünmüş
- 2-3 portobello mantarı, ince şeritler halinde dilimlenmiş
- 1 tepsi shimeji mantarı (beyaz veya kahverengi)
- 1/3 su bardağı kestane, doğranmış
- 2 yemek kaşığı tereyağı
- 2 arpacık soğan, ince kıyılmış
- 2 diş sarımsak, ince kıyılmış
- 1 çay kaşığı domates salçası
- Beyaz şarap (tatmak için)
- Kosher tuzu (tatmak için)
- 2 yemek kaşığı taze Adaçayı, ince kıyılmış
- tatmak için maydanoz

BİTİRMEK İÇİN
- 2 yemek kaşığı zeytinyağı
- Parmesan Peyniri (tatmak için)

TALİMATLAR:

GNOCCHİ

a) Fırını 380 dereceye ısıtın.

b) Tatlı patateslerin her yerini çatalla delin.

c) Tatlı patatesleri kenarlı bir fırın tepsisine yerleştirin ve yaklaşık 30 dakika veya yumuşayana kadar kızartın. Hafifçe soğumaya bırakın.

d) Tatlı patatesleri soyun ve bir mutfak robotuna aktarın. Pürüzsüz olana kadar püre yapın.

e) Büyük bir kapta kuru malzemeleri (kestane unu, tuz, glütensiz un, beyaz biber ve tütsülenmiş kırmızı biber) birleştirin ve bir kenarda bekletin.

f) Tatlı patates püresini büyük bir kaseye aktarın. Ricotta'yı ekleyin ve kurutulmuş karışımın ¾'ünü ekleyin. Hamuru çok unlanmış bir çalışma yüzeyine aktarın ve hamur bir araya gelene ancak yine de çok yumuşak olana kadar daha fazla unla hafifçe yoğurun.

g) Hamuru 6-8 parçaya bölün ve her parçayı 1 inç kalınlığında bir ip haline getirin.

h) Halatları 1 inç uzunluğunda kesin ve her parçayı glütensiz unla tozlayın.

i) Küçük girintiler yapmak için her bir gnocchi'yi unlanmış bir çatalın dişlerine doğru yuvarlayın.

j) Kullanmaya hazır olana kadar soğutucuda bir tepsi üzerinde tutun.

MANTAR & KESTANE RAGU

k) Sıcak bir tavada tereyağını eritin ve bir tutam tuz ekleyin.

l) Arpacık, sarımsak ve adaçayı ekleyin ve arpacık yarı saydam olana kadar 10 dakika soteleyin.

m) Tüm mantarları ekleyin ve sürekli karıştırarak yüksek ateşte soteleyin.

n) Domates salçası ve beyaz şarabı ekleyin ve mantarlar yumuşayıncaya kadar azaltın.

o) Ragu'yu taze kıyılmış maydanoz ve doğranmış kestane ile süsleyin. Kenara koyun.

BİTİRMEK İÇİN

p) Büyük bir tencereye tuzlu su kaynatın. Tatlı patates gnocchi'yi ekleyin ve yüzeye çıkana kadar yaklaşık 3-4 dakika pişirin.

q) Oluklu bir kaşık kullanarak gnocchi'yi geniş bir tabağa aktarın. Kalan gnocchi ile tekrarlayın.

r) Geniş bir sote tavasında 2 yemek kaşığı zeytinyağını eritin.

s) Gnocchi karamelleşene kadar hafifçe karıştırarak gnocchi'yi ekleyin.

t) Ragu mantarını ekleyin ve birkaç yemek kaşığı gnocchi suyundan ekleyin.

u) Yavaşça karıştırın ve Yüksek ateşte 2-3 dakika pişmesine izin verin.

v) Üzerine parmesan peyniri serperek servis yapın.

YANLAR

67. Kireç ve tekila tatlı patates

Yapar: 1 porsiyon

İÇİNDEKİLER:
- 2 pound Tatlı patates; soyulmuş
- ¼ su bardağı taze limon suyu
- 2 yemek kaşığı Bal
- 1 yemek kaşığı Tekila

TALİMATLAR:
a) Tatlı patatesleri ¾ inç kalınlığında dilimler halinde kesin. Dilimleri büyük bir tavada yüksek ateşte yaklaşık 6 dakika kaynatın. Boşaltmak. Tatlı patatesler sadece yumuşak olmalıdır. Bir kapta limon suyu, bal ve tekilayı karıştırın.

b) Patatesleri fırçalayın. Yağlanmış ızgarada 4 ila 6 dakika ızgara yapın. Tekrar tekrar karışımla fırçalayın ve sık sık çevirin. Tatlı patatesler kızardıklarında yapılır.

68. Tatlı Patates Pastırma Ezmesi

Yapar: 4

İÇİNDEKİLER:
- 3 tatlı patates, soyulmuş
- 4 ons domuz pastırması, doğranmış
- 1 su bardağı tavuk suyu
- 1 yemek kaşığı tereyağı
- 1 çay kaşığı tuz
- 2 ons Parmesan, rendelenmiş

TALİMATLAR:
a) Tatlı patatesi küp küp doğrayıp tencereye alın.
b) Tavuk suyunu ekleyip kapağını kapatın.
c) Sebzeleri yumuşayana kadar haşlayın.
d) Bundan sonra tavuk suyunu boşaltın.
e) Tatlı patatesi patates ezici yardımıyla ezin. Rendelenmiş peynir ve tereyağı ekleyin.
f) Tuz ve doğranmış domuz pastırmasını karıştırın. Karışımı çıtır çıtır olana kadar (10-15 dakika) kızartın.
g) Püre haline gelen tatlı patatese pişmiş pastırmayı ekleyin ve kaşık yardımıyla karıştırın.
h) Yemeğin ılık veya sıcak olarak servis edilmesi tavsiye edilir.

69. Parmesanlı Tavada Kızartılmış Tatlı Patates

Yapar: 2

İÇİNDEKİLER:
- 2 tatlı patates, soyulmuş
- ½ sarı soğan, dilimlenmiş
- ½ su bardağı krema
- ¼ su bardağı ıspanak
- 2 ons Parmesan peyniri, rendelenmiş
- ½ çay kaşığı tuz
- 1 domates
- 1 çay kaşığı zeytinyağı

TALİMATLAR:
a) Tatlı patatesleri doğrayın.
b) Domatesi doğrayın.
c) Ispanağı doğrayın.
d) Hava fritöz tepsisine zeytinyağı püskürtün.
e) Sonra doğranmış tatlı patates tabakasını yerleştirin.
f) Dilimlenmiş soğan tabakasını ekleyin.
g) Bundan sonra, dilimlenmiş soğanı doğranmış ıspanak ve domatesle serpin.
h) Güveçte tuz ve rendelenmiş peynir serpin.
i) Krema dökün.
j) Hava fritözünü 390 F'ye önceden ısıtın.
k) Hava fritöz tepsisini folyo ile kaplayın.
l) Güveçte 35 dakika pişirin.

70. Demirhindili Tatlı Patates

Yapar: 4

İÇİNDEKİLER:
- 1 yemek kaşığı taze limon suyu
- 4 tatlı patates, soyulmuş ve küp şeklinde doğranmış
- ¼ çay kaşığı siyah tuz
- 1½ yemek kaşığı Demirhindi Chutney
- ½ çay kaşığı kimyon tohumu, kavrulmuş ve kabaca dövülmüş

TALİMATLAR:
a) Tatlı patatesleri tuzlu suda yumuşayana kadar 7 dakika pişirin.
b) Süzün ve soğuması için kenara alın.
c) Tüm malzemeleri bir karıştırma kabında birleştirin ve hafifçe atın.
d) Küp küp doğranmış tatlı patateslerin içine kürdan batırarak kaselere servis yapın.

71. Izgarada sonbahar sebzeleri

Yapar: 1 porsiyon

İçindekiler
- 2 patates, doğranmış
- 1 Palamut kabağı, doğranmış
- ¼ bardak Tereyağı; erimiş
- 1 yemek kaşığı kekik
- Tatmak için biber ve tuz
- 2 Tatlı patates, doğranmış
- 3 yemek kaşığı Bitkisel yağ

Talimatlar
a) Izgarayı dolaylı ızgara için hazırlayın.
b) Sebzeleri, yağı, tuzu ve karabiberi bir karıştırma kabında birleştirin.
c) Küçük bir tabakta tereyağı ve kekiği birleştirin.
d) Sebzeleri ızgaraya yerleştirin.
e) 15 dakika üstü kapalı olarak pişirin.
f) Çevirin, üzerine tereyağ ve kekik karışımını sürün ve sebzeler yumuşayana kadar 15 dakika daha pişirin.

72. Chimichurri ızgara sebzeler

4 Porsiyon yapar

İçindekiler
- 1/2 su bardağı zeytinyağı
- 2 çay kaşığı taze kekik
- 2 arpacık, dörde bölünmüş
- 3 diş sarımsak, ezilmiş
- 1/3 su bardağı taze maydanoz yaprağı
- 1/4 su bardağı taze fesleğen yaprağı
- 1/2 çay kaşığı tuz
- 2 yemek kaşığı taze limon suyu
- 1 kırmızı soğan, dörde bölünmüş
- 1 tatlı patates, soyulmuş ve doğranmış
- 1 kabak, çapraz olarak kesilmiş
- 2 olgun muz, uzunlamasına ikiye bölünmüş
- 1/4 çay kaşığı karabiber

Talimatlar
a) Izgarayı önceden ısıtın.
b) Bir mutfak robotunda arpacık soğanı ve sarımsağı ince ince kıyın.
c) Maydanoz, fesleğen, kekik, tuz ve karabiber ince ince kıyılıncaya kadar karıştırın. Limon suyu ve zeytinyağı iyice birleşene kadar işleyin. Küçük bir kaseye geçin.
d) Sebzeleri Chimichurri sosuyla fırçalayın.
e) Pişirmek için onları ızgaraya koyun.
f) Sebzeler yumuşayana kadar ızgaraya devam edin, 7 dakikada yapılması gereken muz hariç her şey için 10 ila 15 dakika.
g) Hemen kalan sostan bir tutam ile servis yapın.

73. Kavrulmuş Sarımsaklı Tatlı Patates

4 porsiyon

İçindekiler
- 1-1/2 pound soyulmamış tatlı patates, 1/2-inç parçalar halinde kesilmiş
- 12 diş sarımsak, soyulmuş ve ikiye bölünmüş
- 1 yemek kaşığı sızma zeytinyağı
- 1–2 yemek kaşığı kıyılmış Serrano veya jalapeño şili 3/4 çay kaşığı kuru kekik 1/2 çay kaşığı koşer tuzu
- 1/2 çay kaşığı biber

Talimatlar
a) Fırınınızı ve tavanızı önceden ısıtın. Patatesleri fırında tek bir tabaka halinde tutacak kadar büyük, 12 inçlik fırına dayanıklı bir tava veya güveç kabı yerleştirin, ısıyı 375°F'ye çevirin ve tavayı 30 dakika ısıtın.

b) Malzemeleri karıştırın. Tava ısınırken, tüm malzemeleri bir kapta birleştirin.

c) Patatesleri kızartın. Isıtılmış tavayı fırından çıkarın ve karıştırılan Malzemeleri hemen eşit şekilde dağıtın. Tavayı ocağa koyun ve patatesleri her 15 dakikada bir karıştırarak 45 dakika kızartın ki eşit şekilde pişsinler.

74. Sous Vide Akçaağaç Sırlı Tatlı Patates

Porsiyon: 6

İÇİNDEKİLER:
- 2-1/2 pound tatlı patates, soyulmuş ve 1-1/2-inç parçalar halinde kesilmiş
- 1/3 su bardağı saf akçaağaç şurubu
- 2 yemek kaşığı tereyağı, eritilmiş
- 1 yemek kaşığı limon suyu
- 1/2 çay kaşığı tuz

TALİMATLAR:
a) Anova'nızı 190F/87.7C'ye ayarlayın.
b) Tüm malzemeleri vakumlu bir torbada birleştirin.
c) Torbayı su banyosuna daldırın ve en az 60 dakika, en fazla 90 dakika pişirin.
d) Torbadan çıkarın ve servis yapmak için sıvıyı patateslerin üzerine gezdirin.

75. Pastırma ve Tatlı Patates

SERVİS: 4

İÇİNDEKİLER:
- ½ su bardağı portakal suyu
- 4 domuz pastırması dilimi, pişmiş ve ufalanmış
- 4 pound tatlı patates, dilimlenmiş
- 3 yemek kaşığı agav nektarı
- ½ çay kaşığı kekik, kurutulmuş
- ½ çay kaşığı adaçayı, ezilmiş
- 1 çay kaşığı toz köri
- Bir tutam deniz tuzu ve karabiber
- 2 yemek kaşığı zeytinyağı

TALİMATLAR:
a) Hazır tencerenizde tatlı patates dilimleri, portakal suyu, agave nektarı, kekik, adaçayı, köri, deniz tuzu, karabiber, zeytinyağı ve domuz pastırmasını birleştirin.

b) 10 dakika yüksekte kapağı kapalı olarak pişirin.

c) Kahvaltı tabaklarına aktarın ve servis yapın.

76. Gouda Karışık Patates Püresi

Yapar: 12

İÇİNDEKİLER:

- Biber 1/2 çay kaşığı
- kırmızı biber 1 çay kaşığı
- Tuz 1/2 çay kaşığı
- Gouda peyniri (rendelenmiş) 1 su bardağı
- %2 süt 1/2 su bardağı
- Tatlı patates, orta boy (küplü ve soyulmuş) 2 Yukon altın patates, orta boy (küplü ve soyulmuş) 6

TALİMATLAR:

a) Tatlı patatesleri ve Yukon Gold'u Hollandalı bir fırına koyun. Malzemeleri örtecek kadar su ekleyin. Onları kaynatın ve ardından ısıyı azaltın.

b) Pişirin, ancak yumuşayana kadar 10 ila 15 dakika üstü açık bırakın. Onları boşaltın ve tavaya geri koyun.

c) Patatesleri ezin ve yavaş yavaş sütü ekleyin. İçine biber, tuz, kırmızı biber ve peyniri karıştırın.

77. İki Renkli Fırında Tatlı Patates

Yapar: 12

İÇİNDEKİLER:
- Tuz (bölünmüş) 1½ çay kaşığı
- Taze frenk soğanı (kıyılmış ve bölünmüş) 4 yemek kaşığı Cheddar peyniri (kıyılmış) ¾ fincan %2 süt 1/3 fincan
- Ekşi krema (bölünmüş) 2/3 su bardağı
- Tatlı patates, orta 6
- Rus patates, orta boy 6

TALİMATLAR:
a) 400 derece F'ye, fırını önceden ısıtın. Tatlı patatesleri ve pırasaları fırçalayın; birkaç kez Delmek için bir çatal kullanın. Folyo kaplı tavalara (15×10×1) yerleştirin.

b) 1 saat ila 1 saat 10 dakika yumuşayana kadar pişirin. Fırının ayarlarını 350 derece F'ye düşürün.

c) Sapı tutacak kadar soğuduğunda, tüm rus patatesleri üstten üçte bir oranında kesin. Tüm üstleri atın ve diğerlerini kaydedin.

d) Hamuru çıkarın ve sadece ½ inç kalınlığında kabuklar bırakın. Bir kase alın, posayı ezin, 1/3 su bardağı ekşi krema, ¾ çay kaşığı tuz, 2 yemek kaşığı seçenek, peynir ve süt ekleyin.

e) Rus patates karışımını her tatlı patates kabuğunun ve rus patatesinin yarısına kaşıklayın.

f) Tatlı patates karışımını diğer yarısına kaşıklayın. Tavaya geri koyun.

g) Uygun şekilde ısıtılana kadar 15 ila 20 dakika pişirin.

78. Acılı tatlı patates graten

Yapar: 6 Porsiyon

İÇİNDEKİLER:
- 2 kutu (10 ons) hafif enchilada sosu (2 su bardağı)
- 1 su bardağı Su
- 2 büyük Sarımsak
- Karanfiller; kıyılmış ve püre haline getirilmiş
- 5 büyük Tatlı patates; (yaklaşık 3 1/2 pound)
- 1⅓ fincan Kaba rendelenmiş Monterey Jack peyniri; (yaklaşık 6 ons)

TALİMATLAR:
a) Fırını 375F'ye ısıtın. Büyük bir tencerede enchilada sosu, su ve sarımsak tadına göre tuzla birlikte ara sıra karıştırarak 5 dakika pişirin.

b) Patatesleri soyun ve çapraz olarak ⅛ inç kalınlığında dilimler halinde kesin. 3-quart graten veya sığ fırın tepsisine patateslerin dörtte birini eşmerkezli daireler halinde, hafifçe üst üste gelecek şekilde koyun ve ⅓ fincan peynir serpin. Kalan patatesleri ve peyniri aynı şekilde peynirle bitirerek katlamaya devam edin.

c) Sosu yavaşça patateslerin üzerine dökün, katmanların arasına akmasına izin verin ve graten setini sığ bir fırın tepsisinde (taşabilir) fırının ortasında 1 saat veya patatesler yumuşayana kadar pişirin.

d) Graten 2 gün önceden yapılıp soğutulup üzeri kapatılabilir.

e) Üzeri kapalı grateni fırında tekrar ısıtın.

SALATALAR

79. Roka ve Tatlı Patates Salatası

Yapar: 4

İÇİNDEKİLER:
- 1 pound tatlı patates
- 1 su bardağı ceviz
- 1 yemek kaşığı zeytinyağı
- 1 su bardağı su
- 1 yemek kaşığı soya sosu
- 3 bardak roka

TALİMATLAR:
a) Patatesleri yumuşayana kadar 400 F'de pişirin, çıkarın ve bir kenara koyun
b) Bir kasede cevizleri zeytinyağı ile gezdirin ve mikrodalgada 2-3 dakika veya kızarana kadar
c) Bir kasede tüm salata malzemelerini birleştirin ve iyice karıştırın
d) Soya sosu üzerine dökün ve servis yapın

80. Sonbahar Hasatı Salatası

4 porsiyon yapar

İÇİNDEKİLER:

- 1 pound tatlı patates, soyulmuş ve 1⁄2 inçlik zarlar halinde kesilmiş
- 1 yemek kaşığı saf akçaağaç şurubu
- 1⁄2 çay kaşığı Dijon hardalı
- 1⁄2 çay kaşığı tuz
- 2 yemek kaşığı elma sirkesi
- 1⁄3 su bardağı üzüm çekirdeği yağı
- 1 adet olgun Bosc armut
- Red Delicious, Fuji veya Gala gibi 1 gevrek kırmızı kabuklu elma
- 2 kereviz kaburga, kıyılmış
- 1⁄2 su bardağı kavrulmuş ceviz veya ceviz
- 1⁄4 su bardağı şekerli kurutulmuş kızılcık
- 2 yeşil soğan, kıyılmış

TALİMATLAR:

a) Büyük bir tencerede kaynayan tuzlu suda, tatlı patatesleri yumuşayana kadar yaklaşık 20 dakika pişirin. İyice süzün, büyük bir kaseye koyun ve bir kenara koyun.

b) Ayrı bir büyük kapta akçaağaç şurubu, hardal, tuz ve sirkeyi birleştirin. İyice karışana kadar yağda çırpın. Kenara koyun.

c) Armut ve elmayı çekirdeklendirin ve 1⁄2 inçlik zarlar halinde kesin. Onları sosu ile kaseye ekleyin ve

d) kaplamak için atmak. Armut ve elma karışımını tatlı patateslere ekleyin. Kereviz, ceviz, kızılcık ve yeşil soğanı ekleyin. Birleştirmek ve servis yapmak için hafifçe atın.

81. Nar Soslu Tatlı Patates Ve Brokoli

4 ila 6 porsiyon yapar

İÇİNDEKİLER:

- 3 tatlı patates, soyulmamış
- 2 su bardağı hafif buğulanmış brokoli çiçeği
- 1/4 inç dilimler halinde kesilmiş 3 kereviz kaburga
- 4 yeşil soğan, kıyılmış
- 2 yemek kaşığı kıyılmış taze maydanoz
- 1/4 su bardağı kremalı fıstık ezmesi
- 1 çay kaşığı kıyılmış taze zencefil
- 1/4 su bardağı üzüm çekirdeği yağı
- 1/4 su bardağı taze limon suyu
- 1/2 çay kaşığı şeker
- Tuz ve taze çekilmiş karabiber
- Garnitür için 1/4 su bardağı ezilmiş tuzsuz kavrulmuş fıstık
- Garnitür için 2 yemek kaşığı taze nar taneleri veya 1/4 su bardağı şekerli kurutulmuş kızılcık

TALİMATLAR:

a) Büyük bir tencerede tatlı patatesleri ve üzerini kapatacak kadar suyu yüksek ateşte kaynatın.

b) Isıyı orta seviyeye düşürün ve yumuşayana kadar pişirin, ancak yine de sert, yaklaşık 30 dakika. Süzün ve soğutun, ardından soyun ve 1/2 inçlik parçalar halinde kesin ve büyük bir kaseye aktarın. Brokoli, kereviz, yeşil soğan ve maydanozu ekleyin. Kenara koyun.

c) Küçük bir kapta fıstık ezmesi, zencefil, yağ, limon suyu, şeker ve tuz ve karabiberi tatlandırın. Sosu salatanın üzerine dökün ve birleştirmek için hafifçe fırlatın.

d) Üzerini fıstık ve nar taneleri ile süsleyip servis yapın.

82. Tatlı Patatesli Karalahana Salatası

Yapar: 6-8 kişilik

İçindekiler

- 2 lb. tatlı patates, soyulmuş ve çaprazlamasına 1/2-inç kalınlığında dilimler halinde kesilmiş
- 1/4 bardak artı 2 yemek kaşığı. kırmızı hurma yağı veya bitkisel yağ
- 1 yemek kaşığı. kimyon tohumları
- 1 yemek kaşığı. kekik yaprakları
- 2 diş sarımsak
- Kaşar tuzu ve taze çekilmiş karabiber
- 2 yemek kaşığı. taze limon suyu
- 1 çay kaşığı. kıyılmış zencefil
- 1 lb. karalahana, sapları çıkarılmış, ince kıyılmış yapraklar (6 bardak)
- 2 oz. keçi peyniri, ufalanmış
- 1/4 su bardağı kavrulmuş, tuzsuz kaju fıstığı, kabaca doğranmış

Talimatlar

a) Fırını 400°'ye ısıtın. Kenarlı bir fırın tepsisine tatlı patates dilimlerini 2 yemek kaşığı hurma yağı, kimyon, kekik ve sarımsakla atın. Tuz ve karabiberle tatlandırın ve tatlı patatesleri, pişirmenin ortasında bir kez çevirerek, kızarana kadar yaklaşık 40 dakika kızartın. Patatesleri bir rafa aktarın ve soğumaya bırakın.

b) Bu arada küçük bir kapta limon suyu ve zencefili birleştirin ve yumuşaması için 10 dakika bekletin. Kalan 1/4 fincan hurma yağını emülsifiye olana kadar çırpın ve ardından salata sosuna tuz ve karabiber ekleyin.

c) Servis yapmak için karalahanaları geniş bir kaseye koyun ve 1 çorba kaşığı sosla karıştırarak yaklaşık 5 dakika yeşilliklerin üzerine masaj yapın. Yeşillikleri servis tabağına alın, üzerine tatlı patatesleri koyun ve üzerine keçi peyniri ve kaju fıstığı serpin.

d) Yanında kalan sos ile servis yapın.

83. Bademli Tatlı Patates Salatası

Yapar: 6

İÇİNDEKİLER:

- 3 pound tatlı patates, soyulmuş ve ¾ inçlik parçalar halinde kesilmiş
- 6 yemek kaşığı sızma zeytinyağı, bölünmüş
- 2 çay kaşığı sofra tuzu
- 3 taze soğan, ince dilimlenmiş
- 3 yemek kaşığı limon suyu (2 limon)
- 1 jalapeño şili, saplı, tohumlanmış ve kıyılmış
- 1 çay kaşığı öğütülmüş kimyon
- 1 çay kaşığı füme kırmızı biber
- 1 çay kaşığı biber
- 1 diş sarımsak, kıyılmış
- ½ çay kaşığı öğütülmüş yenibahar
- ½ su bardağı taze kişniş yaprakları ve sapları, iri kıyılmış
- ½ su bardağı bütün badem, kızarmış ve doğranmış

TALİMATLAR:

a) Fırın rafını orta konuma getirin ve fırını 450 dereceye ısıtın. Patatesleri 2 yemek kaşığı yağ ve tuzla karıştırın, ardından kenarlı fırın tepsisine aktarın ve eşit bir tabaka halinde yayın. Patatesler yumuşayana ve kahverengileşmeye başlayana kadar 30 ila 40 dakika kavurma işleminin yarısında karıştırarak kavurun. Patatesleri 30 dakika soğumaya bırakın.

b) Bu arada, yeşil soğan, limon suyu, jalapeño, kimyon, kırmızı biber, biber, sarımsak, yenibahar ve kalan ¼ fincan yağı büyük bir kapta birleştirin. Kişniş, badem ve patates ekleyin ve birleştirmek için fırlatın. Sert.

84. Patates Püresi ile Quinoa Mango Salatası

Yapar: 3

İÇİNDEKİLER:
1. 1 su bardağı kinoa (darı)
2. 1 su bardağı turp
3. 2 yemek kaşığı zeytinyağı
4. 2 çay kaşığı tuz
5. 1 çay kaşığı karabiber
6. Bazı lahana yaprakları
7. ½ su bardağı kaju fıstığı
8. 5 mango, dilimlenmiş
9. 2 Tatlı patates, doğranmış
10. 1 yemek kaşığı limon suyu
11. 3 diş sarımsak, ezilmiş
12. ¼ doğranmış avokado

TALİMATLAR:
a) Hazır tencerenizi tavada kızartma ayarına getirin
b) Zeytinyağını ve sarımsağı dökün
c) Yaklaşık 2 dakika karıştırın
d) Kinoayı ekleyin ve 5 dakika karıştırmaya devam edin.
e) Lahana ve turpları ekleyin ve 3 dakika daha karıştırarak kızartın
f) Bunu hazır tencereden çıkarın ve servis tabaklarına yerleştirin.
g) Hazır tencereye su koyun
h) Patatesleri, tuzu, limon suyunu ve karabiberi ekleyin.
i) Hazır tencerenizi kapatın ve patatesleri 5 dakika kaynatın.
j) Patatesleri ezin ve avokado ve mangoları ekleyin.
k) Tavada kızartılmış lahana ile servis yapın
l) Sunum yönteminizle yaratıcı olduğunuzdan emin olun

85. Izgara Üç Patates Salatası

Yapar: 6

İÇİNDEKİLER:
- Biber 1/4 çay kaşığı
- Kereviz tohumu 1/2 çay kaşığı
- tuz 1 çay kaşığı
- Dijon hardalı 1 yemek kaşığı
- Beyaz şarap sirkesi 3 yemek kaşığı
- Kanola yağı 1/4 su bardağı
- Yeşil soğan (ince dilimlenmiş) 1/ su bardağı
- Tatlı patates, orta boy (soyulmuş) 1
- Kırmızı patates 1 ¾ su bardağı
- Yukon altın patates 1 ¾ fincan

TALİMATLAR:
a) Tatlı patatesi ve patatesleri Hollandalı bir fırına koyun; üzerini kapatın ve yumuşayana kadar 15 ila 20 dakika kaynamaya bırakın.
b) Karışımı süzün ve soğutun. Her biri 1 inçlik parçalar halinde kesin.
c) Patates karışımını bir sepete veya ızgara wok'a koyun. 10-12 dakika orta ateşte rengi dönene kadar kavurun. Periyodik olarak karıştırın.
d) Karışımı büyük boy bir salata kasesine aktarın; soğanları ekleyin.
e) Biber, kereviz tohumu, tuz, hardal, sirke ve yağı çırpın.
f) Patates karışımının üzerine gezdirin ve düzgün bir şekilde kaplamak için iyice atın.
g) Oda sıcaklığında veya sadece ılık olarak servis edin.

86. Kavrulmuş Tatlı Patates ve Prosciutto Salatası

Yapar: 8

İÇİNDEKİLER:
- Bal 1 çay kaşığı
- Limon suyu 1 yemek kaşığı
- Yeşil soğan (bölünmüş ve dilimlenmiş) 2
- Tatlı kırmızı biber (ince kıyılmış) 1/4 su bardağı
- Cevizler (doğranmış ve kızartılmış) 1/3 su bardağı
- Turp (dilimlenmiş) 1/2 su bardağı
- Prosciutto (ince dilimlenmiş ve jülyen doğranmış) 1/2 su bardağı
- Biber 1/8 çay kaşığı
- 1/2 çay kaşığıTuz (bölünmüş)
- 4 yemek kaşığı zeytinyağı (bölünmüş)
- 3 tatlı patates, orta (soyulmuş ve 1 inçlik küpler halinde)

TALİMATLAR:
a) 400 derece F'ye, fırını önceden ısıtın. Tatlı patatesleri yağlanmış bir fırın tepsisine (15x10x1 inç) yerleştirin.

b) 2 yemek kaşığı yağ gezdirin ve 1/4 çay kaşığı tuz ve karabiber serpin ve düzgün bir şekilde atın. Yarım saat kızartın ve yine de periyodik olarak.

c) Tatlı patateslerin üzerine biraz prosciutto serpin ve tatlı patatesler yumuşayana ve prosciutto çıtır çıtır olana kadar 10 ila 15 dakika kavurun.

d) Karışımı büyük boy bir kaba aktarın ve biraz soğumaya bırakın.

e) Yeşil soğan, kırmızı biber, ceviz ve turpların yarısını ekleyin. Küçük boyutlu bir kase alın, tuzu, kalan yağı, balı ve limon suyunu iyice karışana kadar çırpın.

f) Salatanın üzerine gezdirin; birleştirmek için düzgün bir şekilde atın. Kalan yeşil soğanları serpin.

87. Kavrulmuş Sebze ve Polenta Salatası

Yapar: 4 porsiyon

İçindekiler
- 3/4-inç parçalar halinde kesilmiş 2 orta boy tatlı patates
- 1 küçük baş brokoli, çiçeği ve sapları doğranmış
- 1 küçük kırmızı soğan, 3/4-inç takozlar halinde kesin
- 1 su bardağı çeri veya üzüm domates
- 5 yemek kaşığı sızma zeytinyağı
- Kaşar tuzu ve taze çekilmiş karabiber
- 2 yemek kaşığı beyaz şarap sirkesi
- 1 18 ons tüp hazırlanmış polenta
- 12 büyük adaçayı yaprağı
- 1 5 onsluk paket karışık bebek salata yeşillikleri
- 2 ons keçi peyniri

TALİMATLAR:

a) Fırının ortasına kenarlı bir fırın tepsisi yerleştirin ve 450° F'ye ısıtın. Tatlı patatesleri, brokoliyi, kırmızı soğanı ve domatesleri bir kasede birleştirin. 2 yemek kaşığı zeytinyağı, 3/4 çay kaşığı tuz ve bol miktarda biber ekleyin; iyi fırlat. Sıcak tavaya yayın ve bir veya iki kez karıştırarak sebzeler kızarana kadar 25 ila 30 dakika kızartın. 1 çorba kaşığı sirke gezdirin, tavanın altından yapışmış parçaları kazıyın.

b) Bu arada, polentayı 1 1/2 inçlik parçalara (yaklaşık 24) kesin. Orta-yüksek ateşte büyük bir yapışmaz tavada 2 yemek kaşığı daha zeytinyağını ısıtın. Adaçayı yapraklarını ekleyin ve gevrek olana kadar 1 ila 2 dakika pişirin. Boşaltmak için bir kağıt havluya aktarın. Polenta parçalarını tavada kalan yağa ekleyin; tuz ve karabiberle tatlandırın. Polenta parçaları tavadan kolayca çıkana ve altın rengi ve gevrek olana kadar ara sıra çevirerek 15 ila 20 dakika pişirin.

c) Salata yeşilliklerini kalan 1 çorba kaşığı zeytinyağı ve sirke ve birer tutam tuz ve karabiberle atın. Sığ kaseler arasında bölün. Tavadaki ekstra zeytinyağı ile birlikte sıcak kavrulmuş sebzeler ve polenta ile eşit şekilde doldurun. Keçi peynirini parçalara ayırın ve salatanın üzerine serpin. Kızarmış adaçayı yırtın ve üstüne serpin.

88. Kavrulmuş Tatlı Patates & Taze İncir

4 KİŞİLİK
İÇİNDEKİLER
- 4 küçük tatlı patates (toplamda 2¼ lb / 1 kg)
- 5 yemek kaşığı zeytinyağı
- 3 yemek kaşığı / 40 ml balzamik sirke (birinci sınıf eski yerine ticari kullanabilirsiniz)
- 1½ yemek kaşığı / 20 gr çok ince şeker
- 12 yeşil soğan, uzunlamasına ikiye bölünmüş ve 1½ inç / 4 cm'lik dilimler halinde kesilmiş
- 1 kırmızı şili, ince dilimlenmiş
- 6 olgun incir (toplamda 240 g), dörde bölünmüş
- 5 oz / 150 gr yumuşak keçi sütü peyniri (isteğe bağlı)
- Maldon deniz tuzu ve taze çekilmiş karabiber

TALİMATLAR

a) Fırını 475°F / 240°C'ye önceden ısıtın.

b) Tatlı patatesleri yıkayın, uzunlamasına ikiye bölün ve ardından her iki yarıyı da benzer şekilde 3 uzun dilime bölün. 3 yemek kaşığı zeytinyağı, 2 çay kaşığı tuz ve biraz karabiberle karıştırın. Dilimleri derili tarafı aşağı gelecek şekilde bir fırın tepsisine yayın ve yumuşayana kadar yaklaşık 25 dakika pişirin. Ocaktan alıp soğumaya bırakın.

c) Balzamik redüksiyonu yapmak için balzamik sirke ve şekeri küçük bir tencereye koyun. Bir kaynamaya getirin, ardından ısıyı azaltın ve kalınlaşana kadar 2 ila 4 dakika pişirin. Sirke hala baldan daha akıcı olduğunda tavayı ocaktan aldığınızdan emin olun; soğudukça kalınlaşmaya devam edecektir. Çiselemek için çok kalın hale gelirse servis yapmadan önce bir damla su ilave edin.

d) Tatlı patatesleri servis tabağına dizin. Kalan yağı orta boy bir tencerede orta ateşte ısıtın ve yeşil soğanları ve şili ekleyin. Şili'yi yakmamak için sık sık karıştırarak 4 ila 5 dakika kızartın. Tatlı patateslerin üzerine yağ, soğan ve şili dökün. İncirleri dilimlerin arasına koyun ve ardından balzamik redüksiyonun üzerine gezdirin. Oda sıcaklığında servis yapın. Kullanıyorsanız, peyniri üstüne ufalayın.

89. Barbekü Tatlı Patates Krutonlu Sezar Salatası

Yapar: 2

İÇİNDEKİLER:
SALATA
- 1 parça barbekü kavrulmuş tatlı patates kruton
- 1 su bardağı havuç, rendelenmiş
- 2 baş marul kalbi, durulanmış, kurutulmuş, kabaca doğranmış
- 2 yemek kaşığı besin mayası
- 1 su bardağı iri kıyılmış maydanoz

PANSUMAN
- 1/2 su bardağı sade humus
- 4 diş sarımsak, kıyılmış
- 1 1/2 çay kaşığı baharatlı hardal
- 2 yemek kaşığı limon suyu
- 2 çay kaşığı akçaağaç şurubu
- 1 çay kaşığı sebze suyu
- 2 çay kaşığı kapari, doğranmış
- 2 çay kaşığı kapari salamura suyu
- 1/2 çay kaşığı limon kabuğu rendesi

1 sağlıklı tutam deniz tuzu

TALİMATLAR:

a) Sosu bir karıştırma kabında hazırlayın. Humus, sarımsak, baharatlı hardal, limon kabuğu rendesi ve suyu, kapari, akçaağaç şurubu, salamura suyu, tuz ve karabiberi basitçe karıştırın.

b) Birleştirmek için karıştırın ve kıvamı inceltmek ve dökülmesini kolaylaştırmak için biraz su ekleyin. Karışımı kremsi ve pürüzsüz olana kadar çırpın.

c) Tuz ve karabiber, canlı narenciye aroması için limon kabuğu rendesi, asitlik için meyve suyu, zing aroması için sarımsak, deniz tadı için kapari, baharat için hardal, tatlılık için akçaağaç şurubu ve sebze suyu ekleyin.

d) Romaine marul, maydanoz ve rendelenmiş havuç içermesi gereken kalan malzemeleri hazırlayın. Ardından, her şeyi bir servis kasesine aktarın ve istenirse tatlı patates ve besin mayası ile doldurun.

e) Her şeyi lezzetle kaplamak için sosu karıştırın. Servis yapın ve tadını çıkarın!

90. Tatlı Patates & Avokado Yeşil Salata

Yapar: 1

İÇİNDEKİLER:
- Tatlı patates
- 1 büyük organik tatlı patates
- 1 yemek kaşığı sebze suyu
- 1 tutam deniz tuzu
- Pansuman
- 1/4 su bardağı tahin
- 1 yemek kaşığı akçaağaç şurubu
- 2 yemek kaşığı limon suyu
- 1 tutam deniz tuzu
- Su, inceltmek
- salata
- 1 orta boy olgun avokado, küp doğranmış
- 5 su bardağı tercihe göre yeşillik
- 2 yemek kaşığı kenevir tohumu

TALİMATLAR:
a) Fırınınızı 375 ° F'ye ısıtın. Parşömen kağıdı ile bir fırın tepsisi hazırlayın.
b) Tatlı patatesleri ekleyin, ardından biraz sebze suyu ve tuz ekleyin. Patatesleri eşit bir tabaka halinde yayın.
c) Eşit pişmesini sağlamak için ters çevirerek 15 dakika pişirin. 5-10 dakika daha veya patatesler yumuşayana ve altın rengi kahverengi olana kadar pişirin.
d) Bir karıştırma kabı kullanarak tahin, akçaağaç şurubu, limon suyu ve tuzu birleştirin. Birleştirmek için çırpın, ardından yarı kalın bir kıvam elde edene kadar her seferinde biraz su ekleyin.
e) Lezzetini tadın ve tercihinize göre ayarlayın. Kenara koyun.
f) Salatayı yeşillikleri katlayarak ve avokado ve kavrulmuş tatlı patatesle süsleyerek bir servis kasesine toplayın.
g) Sos ile servis yapın ve isteğe bağlı olarak kenevir tohumu serpin.

TATLI

91. Tatlı Patatesli Tavuklu Turta

Yapar: 5 Porsiyon

İÇİNDEKİLER:
- 1 bütün tavuk budu
- 3 büyük tatlı patates
- 2 soğan
- 4 diş sarımsak
- ½ su bardağı domates sosu
- 1 su bardağı pişmiş yeşil muz püresi
- 1 yemek kaşığı domuz yağı
- 1 su bardağı süt
- Tuz, karabiber ve kırmızı biber, kırmızı biber, hindistan cevizi, kimyon, köri

TALİMATLAR:
a) İlk önce tavuk göğsünü suda haşlayın. Düdüklü tencerede hazırlayın ve tencerenin kaynaması için 20 dakika bekletin.
b) Tavuğu pişirin, tatlı patatesleri suda püre haline getirmek için hazırlar.
c) Basamaklı patatesleri tereyağ ile püre haline getirin ve istediğiniz kıvamı vermek için süt koyarak gidin. Tuz, karabiber ve hindistan cevizi ile tatlandırın.
d) Artık tavuk soğuduğuna göre, her şeyi küçük parçalara ayırabilirsiniz.
e) Bir tencerede soğanı minimum yağ ile kavurun. Sarımsak, domates sosu ve tavuğu ekleyin. İyice karıştırın, bu orta kuru ise biraz su ekleyin. Baharatları koyun: tuz, karabiber ve kırmızı biber, kimyon, köri. Hoşunuza gidip gitmediğini görmeye çalışın.
f) Zaten nasıl harika olduğunu beğendiyseniz. Ancak daha kremamsı bir kıvam istiyorsanız yeşil muz püresi idealdir, yoksa mısır nişastası ile süt kullanmak da bir seçenektir.
g) Yemeğin montajı için sotelenmiş tavuğu koyun ve üzerine patates püresini koyun. 180°C fırında 20 dakika pişirin.

92. Hindistan cevizli tatlı patates pudingi

MUTFAK:KENYA

İçindekiler(Servis 6)
- 1 su bardağı taze çekilmiş hindistan cevizi
- ½ su bardağı tatlı patates, haşlanmış veya ezilmiş
- yumurtalar
- ¾ su bardağı şeker
- ¾ bardak süt
- ½ su bardağı su
- 4 yemek kaşığı eritilmiş tereyağı
- ½ çay kaşığı karışık baharatlar
- ½ çay kaşığı tarçın

TALİMATLAR:

a) Şeker, tatlı patates ve hindistancevizi pürüzsüz olana kadar kaşıkla karıştırın. Tereyağı, süt, su ekleyin ve iyice çırpın. yumurtaları çırpınhafifçe karıştırın ve ardından karışımı yavaş yavaş yedirin.

b) Baharatları ve tarçını ekleyin. Kremsi ve çok pürüzsüz olana kadar çırpmaya devam edin. Karışımı yağlanmış bir kalıba dökün ve sıcak fırında 30 dakika altın rengi alana kadar pişirin. Sıcak veya soğuk olarak servis edebilirsiniz.

93. Tatlı Patates Turtası

Yapar: 16 porsiyon

İÇİNDEKİLER:
- 1 cevizli turta
- 1 tatlı patatesli turta veya balkabağı turtası
- 2 ½ bardak çırpılmış krema
- 2 su bardağı tereyağlı cevizli dondurma
- 1 su bardağı karamel sos

TALİMATLAR:
a) En altta, sağlam kalmasına yardımcı olacak tatlı patatesli turta ve kabukla başlıyorum.

b) Bir sonraki katman biraz dondurma ve ardından çırpılmış krema ile. Dilerseniz krem şanti üzerine biraz karamel ekleyebilirsiniz.

c) Sonra cevizli turta parçalarıyla katman yapıyorum.

d) Sonra dondurma ve çırpılmış krema ile tekrarlayın ve karamel ve cevizlerle süsleyin.

94. Tatlı Patates Turtası Tiramisu

Yapar: 16 porsiyon

İÇİNDEKİLER

- 8 ons mascarpone peyniri, yumuşatılmış
- ½ su bardağı toz şeker artı bir yemek kaşığı ayrılmış
- ⅓ fincan kahverengi şeker paketlenmiş
- Şurup içinde 15 ons tatlı patates, süzülmüş ve ezilmiş
- ½ çay kaşığı öğütülmüş tarçın artı garnitür için daha fazlası
- ¼ çay kaşığı öğütülmüş hindistan cevizi
- 2 yemek kaşığı ayrılmış saf vanilya özü
- 2 ½ su bardağı taze çırpılmış krema ayrılmış
- ¼ fincan ılık kahve
- 17.5 ons kedi dili
- 6 zencefilli kurabiye ufalanmış

TALİMATLAR
DOLGU YAPILMASI İÇİN:

a) Mascarpone peynirini ve ½ su bardağı toz şekeri ve tüm esmer şekeri bir stand miksere ekleyin ve pürüzsüz olana kadar çırpın.

b) Daha sonra ezilmiş tatlı patates, tarçın, küçük hindistan cevizi ve 1 yemek kaşığı vanilya özü ekleyin ve iyice karışana kadar çırpın.

c) Son olarak 1 ½ su bardağı çırpılmış kremayı tatlı patates karışımına katlayın ve bir kenara koyun.

TIRAMISU'YU MONTAJ ETMEK İÇİN:

d) Kalan çay kaşığı vanilya özünü kahve ile birlikte bir kaseye ekleyin ve karıştırın.

e) 9 inçlik yay biçimli bir tavanın alt kısmında tam bir kedi dili dizisi düzenleyin.

f) Ilık kahve karışımının ½'sini kedi parmaklarını ıslatmak için üzerine dökün.

g) Ardından, tatlı patates karışımının yarısını alın ve kedi parmaklarının üzerine yayın.

h) Daha sonra, başka bir sıra kedi dili eklemek, kedi dili üzerine kahve sosu dökmek ve son olarak tatlı patates karışımının geri kalanını eklemekle başlayan tüm adımları tekrarlayarak başka bir katman oluşturun.

i) Son olarak kalan 1 su bardağı krem şantiyi alıp kalan yemek kaşığı toz şekerle çırpın ve tiramisuların üzerine yayın.

j) Tiramisu'nun üstünü çırpılmış tepesi ve biraz öğütülmüş tarçın üzerine ufalanmış zencefilli şekerlemelerle süsleyin.

k) Kelepçeli kalıbı servis yapmadan önce en az 4 saat buzdolabına koyun.

95. Kiraz-tatlı patates ekmeği

Yapar: 1 Porsiyon

İÇİNDEKİLER:
- 1¾ bardak Un
- 1 çay kaşığı Kabartma tozu
- 1 çay kaşığı Tarçın
- 3 yumurta
- ½ su bardağı Süt
- ½ fincan Mart; kirazlar
- 1 kutu (15 ons) tatlı patates; (veya yer elması) süzülmüş
- ¼ su bardağı kıyılmış fındık veya ceviz
- 1½ su bardağı Şeker
- ¼ çay kaşığı Tuz
- 1 çay kaşığı kabak baharatı
- ¾ su bardağı Bitkisel yağ
- ¼ bardak kuru üzüm
- 1 çay kaşığı vanilya

TALİMATLAR:
a) Un, şeker, tuz, soda, tarçın, kabak baharatını güzelce birleştirip karıştırın. Pürüzsüz olana kadar karıştırarak yumurta, yağ ve süt ekleyin.

b) Tatlı patates, kuru üzüm, fındık, kiraz ve vanilyayı karıştırın.

c) İyice yağlanmış hafif unlanmış ekmek kalıbına dökün. 325 derecede yaklaşık 1 saat pişirin (50 dakikada kontrol edin), piştiğinden emin olmak için test aletini sokarak kontrol edin. Test cihazı temiz çıkacaktır.

96. kızılcık tatlı patates kekler

Yapar: 12 Porsiyon

İÇİNDEKİLER:
- 1½ bardak Un
- ½ bardak) şeker
- 2 çay kaşığı kabartma tozu
- ¾ çay kaşığı Tuz
- ½ çay kaşığı Tarçın
- ½ çay kaşığı hindistan cevizi
- 1 büyük yumurta
- ½ su bardağı Süt
- ½ su bardağı Tatlı patates; püresi
- ¼ su bardağı Margarin; erimiş
- 1 su bardağı kızılcık

TALİMATLAR:
a) Kuru malzemeleri birleştirin. Kombine ıslak malzemeleri kuruya karıştırın ve nemlenene kadar karıştırın. Kızılcık katlayın.

b) 12 kağıt kaplı muffin kaplarını yaklaşık ⅔ oranında doldurun. İstenirse tarçın şekeri serpin.

c) 18-22 dakika 375F'de pişirin. Soğutmak için tavadan çıkarın.

97. Rendelenmiş tatlı patates pudingi

Yapar: 1 Porsiyon

İÇİNDEKİLER:
- 4 su bardağı rendelenmiş tatlı patates
- 1 bardak Kamış şurubu
- ½ bardak) şeker
- 1 bardak Süt
- ½ su bardağı Tereyağı
- 3 yumurta
- ½ su bardağı kıyılmış fındık
- 1 su bardağı kuru üzüm
- 1 çay kaşığı Tarçın
- 1 çay kaşığı yenibahar
- ½ çay kaşığı Karanfil

TALİMATLAR:
a) Ağır, fırına dayanıklı bir tavada tereyağını eritin. Tüm malzemeleri birlikte karıştırın.

b) Karışımı sıcak tereyağı tavasına dökün, ısınana kadar karıştırın.

c) Tavayı 350 derece fırına koyun ve pişirin.

d) Kenarlarda ve üstte kabuklanma olduğunda, altını çevirin ve kabuğun tekrar oluşmasını sağlayın. Bunu iki kez yapın, sonuncusunun yaklaşık 40 dakika yanlarda ve üstte kalmasına izin verin.

e) Tatlandırılmış krema veya dondurma ile servis yapın.

İÇECEKLER

98. elmalı turta suyu

Yapar: 2 Porsiyon

İÇİNDEKİLER:
- 1 tatlı patates
- ¼ çay kaşığı balkabağı turtası baharatı
- 2 elma
- 2 havuç
- 2 portakal

TALİMATLAR:

a) Elmaların çekirdeklerini çıkarın. Tatlı patates ve portakalların kabuklarını soyun. Havuçları kesin.

b) Onları balkabağı turtası baharatlarıyla birlikte meyve suyu sıkacağınıza koyun.

c) Tüm malzemelerin suyunu sıkın ve suyunu birkaç bardağa dökün.

99. Tatlı Patates Turtası Protein Shake

İçindekiler
- 2 kaşık vanilya protein tozu
- 6 oz. badem sütü
- ½ su bardağı tatlı patates (halihazırda pişmiş, kabuksuz)
- 1-5 damla vanilya özütü
- 115 gram. su (daha ince bir sallama için daha fazla, daha kalın bir sallama için daha az)
- Kırık buz
- Tatmak için balkabağı turtası baharatı

Talimatlar

a) Tüm malzemeleri 30-60 saniye boyunca bir karıştırıcıya atın.

100. Tatlı Patates Sarsıntısı

İçindekiler
- 1 tatlı patates, pişmiş ve soyulmuş
- ½ çay kaşığı tarçın
- 1/2 su bardağı kıyılmış badem
- 2 kaşık peynir altı suyu proteini (herhangi bir aroma)
- 16 ons tam yağlı süt

Talimatlar
a) Tüm malzemeleri 30-60 saniye boyunca bir karıştırıcıya atın.

ÇÖZÜM

Bu tatlı patates tariflerini deneyin ve tüm aile üyelerinizin kalbini kazanın. Onlara bu kadar lezzetli ve lezzetli yemekler sunacağınız için hepsinin pişirme becerilerinizi öveceğinden emin olabilirsiniz. Sadece tarifi deniyorsanız veya belirli bir tarifi öğreniyorsanız bile bu basit yemek kitabını takip edebilirsiniz. Bu yemekleri bir toplantıda veya sadece evinizde servis edin; buna her zaman değecek ve bu tarifleri yaptığınıza asla pişman olmayacaksınız.

Belirtilen adımları izleyerek, elimizden gelen tüm yollarla size yardımcı olmak için elimizden gelenin en iyisini yapmaya çalıştığımızdan, sorunuzun yanıtlarını bulacağınızı umuyoruz. Aileniz ve arkadaşlarınız için bu tarifleri yapmanızı dört gözle bekliyoruz. Yeni başlayan veya profesyonel iseniz, bu yemek kitabı her zaman yardımcınız olacaktır ve her tarifin yönergeleri takip etmenizi kolaylaştıracaktır.

İşte mutlu ve sağlıklı bir yaşam sürmenizi ummak.

Ingram Content Group UK Ltd.
Milton Keynes UK
UKHW021149220623
423869UK00009B/56